Martin Wagenschein

Verstehen lehren

Genetisch – Sokratisch – Exemplarisch

Beltz Verlag · Weinheim und Basel

Weitere Werke des Verfassers:

Natur physikalisch gesehen, (1953), 5. erweiterte Aufl. als Wester-
mann-Taschenbuch 90, Braunschweig 1975.
Die Erde unter den Sternen, (1955), Weinheim, 3. Aufl. 1965, ver-
griffen.
Die pädagogische Dimension der Physik, (1962), 4. Aufl. Braunschweig
1976.
Ursprüngliches Verstehen und exaktes Denken, Stuttgart 1965, 2. Aufl.
u. Bd. II 1970.

Naturphänomene sehen und verstehen, Genetische Lehrgänge; Hrsg. v.
H. Chr. Berg, Klett, Stuttgart, 1980

Anschrift des Verfassers: Prof. Dr. Dr. h. c. Martin Wagenschein
In der Röde 21; 6109 Mühltal 4

CIP-Kurztitelaufnahme der Deutschen Bibliothek

Wagenschein, Martin
Verstehen lehren : genet., sokrat., exemplar. /
Martin Wagenschein, – 7., durchges. Aufl. – Weinheim ; Basel :
Beltz, 1982.
(Beltz-Bibliothek ; 1)
ISBN 3-407-18095-0
NE: GT

1. Auflage 1968
2./3. Auflage 1970
4., durchgesehene Auflage 1973
5., erweiterte Auflage 1975
6., durchgesehene Auflage 1977
7., durchgesehene Auflage 1982

© 1968 Beltz Verlag, Weinheim und Basel
Gesamtherstellung: Beltz, Offsetdruck, 6944 Hemsbach über Weinheim
Umschlaggestaltung: E. Warminski, Frankfurt/M.
Printed in Germany
ISBN 3 407 18095 0

Inhaltsverzeichnis

„... muß man feststellen, daß der Begriff des Verstehens in zweierlei Weise gebraucht werden kann, nämlich INTENSIVE oder EXTENSIVE. Extensive das heißt bezüglich der Menge der zu begreifenden Dinge... Nimmt man aber das Verstehen INTENSIVE, insofern dieser Ausdruck die INTENSITÄT, d.h. die Vollkommenheit in der Erkenntnis irgend einer einzelnen Wahrheit bedeutet, so behaupte ich, daß der menschliche Intellekt einige Wahrheiten so vollkommen begreift und ihrer so unbedingt gewiß ist, wie es nur die Natur selbst sein kann."

Galilei

Der Vielwisser ist oft müde von dem vielen, das er wieder nicht zu denken hatte.

Karl Kraus

Nun lernen wir also vermittels der Worte Begriffe, die wir nicht suchen durften... und die wir also... anwenden, ohne sie zu verstehen.

J. G. Herder

Wenn er seinen Verstand gebrauchen sollte, so war es ihm, als wenn jemand, der beständig seine rechte Hand gebraucht, etwas mit der linken tun soll.

G. Chr. Lichtenberg

Vorwort zur 1. Auflage

In den drei Vorträgen, die dieses Buch zusammenfaßt, ist die Rede von der *QUALITÄT* des Unterrichts an unseren Schulen und Hochschulen. Ihr *Wirkungsgrad* und ihre *Wirtschaftlichkeit* hängen von ihr ab.

In dem Augenblick, in welchem der vorausgesagte Lehrermangel fühlbar wird und deshalb die Klassenfrequenzen statt zu sinken wieder steigen, könnte man versucht sein, es für entbehrlich zu halten, sich noch oder schon um andere als quantitative Schulprobleme zu sorgen.

Aber beides hängt zusammen. Der Wirkungsgrad unseres Unterrichtens ist schon seit langem fragwürdig. Wir brauchen mehr aber auch bessere Abiturienten, bessere Schüler überhaupt und besser ausgebildete Lehrer. Was aber heißt heute „besser"? Was heißt „Leistung"? Das Problem ist kein deutsches allein. Die zunehmende Überzeugung unseres „von den *Wissenschaften* bestimmten" Zeitalters, daß wir viel, ökonomisch und lebenslang zu lernen haben, ermutigt durch neue technisierte Informationsmittel: wie ist sie in Einklang zu bringen mit der Erfahrung, daß eilig und ohne wirkliches Verstehen eingesammeltes Wissen nicht nur vergessen wird, sondern sogar Blindheit hinterläßt? Was heißt „wirklich" verstehen?

Wie verhüten wir die *Spaltung* in eine dünne unverständliche Expertenschicht und die große Masse der nur scheinbar Verstehenden (seien sie nun wissenschaftsfeindlich oder wissenschaftsgläubig statt wissenschaftsverständig), eine Spaltung, die sich in der Person des Einzelnen wiederholen kann?

Wie ist die Informationswelle mit dem steigenden Bedarf an hinreichend vielen *produktiven* und *kritischen* Köpfen zu vereinbaren, die — wie ebenfalls die Erfahrung zeigt — nur in eindringlichem und selbständigem Verstehen heranzubilden sind? Wir dürfen dabei nicht auf die *bedächtigen* Begabungen verzichten, denn jene Hochintelligenten, denen auch eine qualitativ fragwürdige Schule nicht schaden kann, gibt es nicht in ausreichender Zahl.

Zwischen dem ersten Vortrag und den beiden anderen liegt ein Jahrzehnt, in welchem das „*exemplarische*" Prinzip eher „ein Begriff" als Anlaß zu ernster Erprobung wurde. Nicht selten haben sich vereinfachende Schemata seiner mißverstehend bemächtigt. Um sie aufzulösen verschiebt der dritte Vortrag, ergänzt durch den zweiten, den Schwerpunkt des exemplarischen auf das „*genetische*" Prinzip. (Das ist so, wie wenn man in einem schräg-liegenden Boot die Mitfahrenden ermuntert, etwas mehr auf die andere Seite zu rücken.)

Dabei wird deutlich, daß die Wirtschaftlichkeit und auch die Wissenschaft-lichkeit unseres Unterrichts an zwei Voraussetzungen gebunden ist, die noch zu erfüllen sind: eine *genetisch* vertiefte fachliche *Lehrerbildung* und die entschiedene Wendung zum *Epochenunterricht*.

Vorwort zur 5. Auflage

Ausgeführte Beispiele sind besser als allgemeine Definitionen, denn sie führen zu den Definitionen hin.

Deshalb habe ich der fünften Auflage ein Beispiel mitgegeben, das mir besonders deutlich erscheint: „Entdeckung der Axiomatik" (S. 104).

Es hat freilich den Nachteil, mathematisch zu sein, also den Nicht-Mathematiker abzuschrecken (aus bekannten, traurigen, die Mathematik-Lehrer bedrückenden Gründen: „Das versteh' ich ja doch nicht!").

Der eigentliche Text, erschienen in einer mathematisch-didaktischen Schriftenreihe, wendet sich an Mathematiklehrer. Zwar weicht er aus seiner pädagogischen Absicht vom fachlichen Stil schon etwas ab und gelangt so bereits in die Hörweite des Laien. Vielleicht erreicht er aber doch noch nicht die „Mathematik-Geschädigten" unter ihnen.

Auf sie, auf die Laien (Lehrer aller Fachrichtungen, Erziehungswissenschaftler, Eltern, Schüler) kommt es mir jedenfalls nicht weniger an als auf die Mathematiker und die Mathematiklehrer.

Darum sind besondere „Zusätze für Nicht-Mathematiker" angefügt (A, B, C, ...), die den lesenden Laien ansprechen möchten. Sie sollen den Text erläutern und manchmal auch entbehrlich machen (S. 131).

Zum Begriff des exemplarischen Lehrens

Wer zur Quelle gehen kann,
der gehe nicht zum Wassertopf.
Leonardo

Der in der „Tübinger Resolution" enthaltene Vorschlag, der Stoff-
fülle durch exemplarisches Lehren zu begegnen, hat in den letzten
Jahren einen so hörbaren Anklang gefunden, daß wir verpflichtet
sind, uns über diesen Begriff möglichst klar zu werden. Denn einerseits spüren wir die Sorge, das hoffnungsvolle aber noch nicht fertig
gebaute Schiff könne, voreilig ins Wasser gesetzt und belastet, verloren gehen. Andererseits wissen wir, daß es gar nicht zu Lande, am
grünen Tisch des Landes, gebaut, daß sein Bauplan nur aus der Erfahrung vieler Probefahrten auf dem Meere der Unterrichts-Praxis
geklärt werden kann. — Damit ist auch der Zusammenhang mit den
Aufgaben der Versuchsschule[1] gegeben und die Notwendigkeit, daß
wir uns lehrend und forschend darüber austauschen, was wir eigentlich meinen.

Die folgenden Bemerkungen versuchen, Ansätze — nicht mehr — zu
einer begrifflichen Klärung anzubieten. Dabei denke ich zuerst immer an das mir vertraute Feld der Physik, versuche aber darüber
hinauszukommen; mit aller Zurückhaltung, aber auch ohne übertrie-
bene Besorgnis um Zuständigkeit: der Pädagoge kann nicht anders,
als die Grenzen des Faches, auf dem er zu Hause ist, überschreiten.
Tut er es nicht, so verliert er seine bildende Aufgabe aus den Augen.
(Und wohin das führt, nämlich zu nichts Neuem, zeigt uns der heiße

---

[1] Die Grundgedanken dieses Beitrages wurden am 15. März 1956 auf der
Tagung der Hochschule für Internationale Pädagogische Forschung in
Frankfurt/Main über „Bedeutung und Ertrag der Versuchsschularbeit
für die deutsche Schule" vorgetragen.
Die eingeklammerten Zahlen (Seite 2 Zeile 3 und weiterhin) beziehen
sich auf das Literaturverzeichnis S. 33—39.

oder kalte Krieg der Fachverbände um Stundentafeln.) Überschreitet er sie, so kann er dilettantisch werden. Aber um das auszugleichen, berichtigen und ergänzen wir ja einer den anderen.

Ich versuche zuerst, das exemplarische Lehren von anderen, fremden und verwandten Formen des Lehrganges abzugrenzen, um dann, in einem zweiten Teil der Arbeit, zu fragen: In welchem Sinn können wir, wenn wir bilden wollen, innerhalb eines Faches einen Gegenstand, ein Thema, ein Problem als „exemplarisch" ansehen und wofür?

I.

1. Das System als Lehr-Gang

Beginnen wir mit dem, wovon wir uns entfernen müssen, wenn wir die Schule nicht im Stoff ersticken und als „Erledigungsmaschinerie" (16) umkommen lassen wollen. Je älter und gefestigter ein „Fach", je strenger sein Aufbau — ich denke an Mathematik, im Gegensatz etwa zu der jungen „Gemeinschaftskunde" —, desto bereitwilliger erliegen wir der Versuchung, es vom Anfang bis zum Ende zu durchlaufen, vom Einfachen zum Verwickelten hin, ohne eine Stufe auszulassen, in dem sogenannten systematischen Lehrgang. Man beginnt etwa in der Mathematik in der Nähe der Axiome, in der Physik mit Grundfertigkeiten wie dem Messen, mit Grundbegriffen und der Mechanik als ihrer Geburtsstätte. Man durchläuft die Tierwelt linear vom Einzeller bis zum Menschen (oder auch umgekehrt), die Geschichte von einst bis jetzt, Schritt für Schritt. Als wesentlich erscheint dieses:

> Das jeweilig aktuelle Einzelne ist vorsorgliche kleine Stufe für ein — dem Lernenden noch unbekanntes — kommendes, komplizierteres Schwieriges.

Die Begründungen sind einleuchtend: eines baut sich aufs andere, sei es logisch oder chronologisch: Ordnung muß sein; Lücken rächen sich; man kann nie wissen, wozu man das Einzelne brauchen wird. Diese Begründungen „sind logisch", aber auch nur das. Sie sind nicht pädagogisch. Sie sehen das fertige Fach und im Grund nicht das Kind sondern den fertigen Menschen, den Erwachsenen vor sich, nur im Kleinformat, nur quantitativ noch „beschränkt in der Auffassungsgabe". Aber Lehrer sein heißt: Sinn haben für den werdenden, den erwachenden Geist. Und Fachlehrer sein heißt: zugleich Sinn haben für das gewordene und werdende Fach.

Der Grundsatz „Erst das Einfache, dann das Kompliziertere" hat natürlich sein Recht. Er darf aber nicht allein herrschen. Sein Fehler liegt auf der Hand: Sehr oft ist das „Einfache" entweder gar nicht einfach, oder es ist trivial. Das Beharrungsgesetz ist jedem Anfänger um so unglaubhafter, je mehr er nachdenkt. Es bedurfte einiger Forscherleben, um es freizulegen, und es jammert einen, wenn es auf Seite 3 des Anfängerlehrbuches mit einer dürftigen Begründung aufgetischt wird. *Einstein* schreibt über das Beharrungsgesetz (1, S. 12): „Das ist gewöhnlich das erste von der Physik, was wir in der Schule auswendig lernen, und der eine oder andere erinnert sich noch daran". — Daß gewisse „Winkel an Parallelen" einander gleich sind, das zwar ist glaubhaft, aber allzusehr, es ist langweilig und „führt zu nichts", es „dient" nur zu etwas. —

Ein solcher Lehrgang hat also für den Lernenden keinen Antrieb auf längere Zeit hin. Er enthält nur den sorgenvollen Aufblick auf kommende unbekannte aber schon lastende Stockwerke (für den Lehrer bekannte, doch deshalb nicht weniger lastende). Der Schüler denkt: was wird der Lehrer wohl heute vorhaben? Der Lehrer beginnt: Heute wollen wir mal folgendes machen!

Ein solcher systematischer Lehrgang verführt zur Vollständigkeit, (denn er will bereitstellen), damit zur Hast und also zur Ungründlichkeit. So baut er einen imposanten Schotterhaufen. Gerade, indem er sich an die Systematik klammert, begräbt er sie, und verstopft den Durchblick (Bild I). Er verwechselt Systematik des Stoffes mit Systematik des Denkens. — Das Bild ist mit Absicht übertrieben. In dieser Reinheit wird der systematische Lehrgang kaum noch gewollt. Daß er aber noch dominiert, zeigen Lehrpläne, auch neuere Entwürfe.

Bildung ist kein addierender Prozeß. Wo additive Verfilzung falsch ist, kann deshalb subtraktive Auskämmung (Bild II) auch nicht richtig sein. Der Stoff wird dann fadenscheinig und substanzlos. Es entsteht ein verdünnter systematischer Lehrgang. Niemand wird diese Wenigwisserei für eine Rettung halten vor der Vielwisserei. Aber manche Empfehlung, den Stoff „in großen Zügen" „im Überblick" zu bieten, liegt nicht weit davon ab.

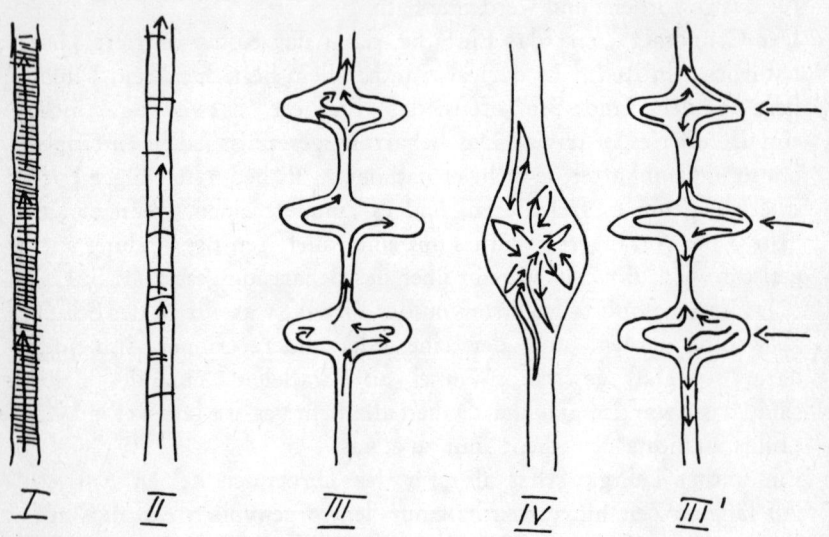

2. Errichtung von Plattformen

Es bedarf also der Auswahlprinzipien, der Beschränkung auf das „Wesentliche". Was dies sein könnte, wird später (Teil II) zu überlegen sein. Angenommen, wir wüßten es, so entstünde als erste brauchbare Form des Lehrganges das Bild III: Es wird empfohlen, den „Mut zur Lücke" zu haben, das heißt: den Mut zur Gründlichkeit und bei begrenzten Ausschnitten intensiv zu verweilen.

Anstelle also des gleichmäßig oberflächlichen Durchlaufens des Kenntniskataloges, Schritt für Schritt: die Erlaubnis, ja die Pflicht, sich hier und dort festzusetzen, einzugraben, Wurzel zu schlagen, einzunisten. „Inseln" zu bilden, hört man auch sagen, wobei dann freilich ein verbindender untermeerischer Gebirgszug hinzuzudenken ist, denn nicht Zerfall, sondern Kontinuität ist gewollt, aber in Ballungen, Verdichtungen, wie *W. Flitner* (2; S. 559) es für die Geschichte nennt, innerhalb des Kontinuums. Zwischen den gutgegründeten Brückenpfeilern leiten dann luftigere Bögen schneller fort. Je ernster die Verdichtung, desto gleitender die Verbindung zwischen den Nestern der Gründlichkeit. Streckenweise so zu gleiten, ist dann nicht ungründlich; es ist gegründet auf eben diese Pfeiler. Noch andere Bilder bieten sich an: Ablegerpflänzchen, die die Ranke setzt und fortsetzt (wie bei Erdbeeren); — ein Flug, der seine Kraft zieht aus dem Heimatgefühl, das er auf dem vorigen Nist- und Ruheplatz mitgenommen hat und aus der Gewißheit, daß er bald wieder gründlich werden darf; — in der Sprache des Segelfliegers: im Aufwind über *einem* Ort Niveau gewinnen, das dann den schnell fortführenden Gleitflug erst erlaubt — bis zum nächsten stillen Steigen. — Ich wähle, um den Stufencharakter festzuhalten, das Bild *„Plattform"* (innerhalb eines Turmes vorzustellen: ein Ort, an dem man sich in Ruhe aufhalten kann. — Wer mißversteht, wird meinen, man solle sich „ausruhen" können, um sich der „straffen Führung" des systematischen Lehrganges zu „entziehen".) Das Bild ist mangelhaft insofern, als Plattformen unwirtlich und zugig zu sein pflegen. Was gemeint ist, der Ort der „Verdichtung", hat ja im Gegenteil, etwas Wohnliches. — Wesentlich ist dies:

> Das Einzelne, in dem die Verdichtung stattfindet, hat noch immer Stufencharakter, aber es ist Plattform geworden. (Man könnte auch Staustufe sagen.) Noch wird das Ganze durchlaufen von Plattform zu Plattform, dazwischen liegen spärlicher gesetzte Verbindungstritte.

Vielfach bezeichnet man schon dieses Verfahren als „exemplarisch". Ich halte es für ein sehr brauchbares Verfahren, würde aber den Begriff „exemplarisch" lieber enger und reiner fassen, nämlich so:

3. Das exemplarische Verfahren

Das Bild der Stufe oder auch der Plattform müssen wir ganz verlassen, wenn wir nun das Exemplarische aufsuchen. Um es gleich vorauszunehmen:

Das Einzelne, in das man sich hier versenkt, ist nicht Stufe, es ist *Spiegel* des Ganzen.

Zur Begründung: die Worte, die immer wieder auftauchen, wenn das Gespräch um das Exemplarische kreist: stellvertretend, abbildend, repräsentativ, prägnant, Modellfall, mustergültig, beispielhaft, paradigmatisch. — Die Beziehung, die das Einzelne hier zum Ganzen hat, ist nicht die des Teiles, der Stufe, der Vorstufe, sondern sie ist von der Art des Schwerpunktes, der zwar *einer* ist, in dem aber das Ganze getragen wird. Dieses Einzelne häuft nicht, es trägt, es erhellt; es leitet nicht fort, sondern es strahlt an. Es erregt das Fernere, doch Verwandte, durch Resonanz. (Bild IV)
Dies meint *Ernst Mach* (3; S. 344), wenn er sagt, er (der Physiker) „wäre zufrieden, wenn jeder Jüngling" (die Mädchen vergißt er) „einige wenige mathematische oder naturwissenschaftliche Entdeckungen sozusagen miterlebt und in ihre weiteren Konsequenzen verfolgt hätte", vielleicht auch *Lichtenberg* (4): „Was man sich selbst erfinden muß, läßt im Verstand die Bahn zurück, die auch bei *anderer Gelegenheit* gebraucht werden kann" — und wohl gewiß *Konfuzius,* der gesagt haben soll, er werde *den* Schüler wegschicken, der nicht verstehe, in den drei anderen Ecken anzuwenden, was er in einer gelernt habe. — Am deutlichsten wird es in der „Tübinger Resolution" (5): *„Ursprüngliche* Phänomene der geistigen Welt können am *Beispiel* eines *einzelnen,* vom Schüler *wirklich erfaßten* Gegenstandes *sichtbar* werden." — Dazu Erläuterungen von zwei Teilnehmern des Tübinger Gesprächs: *Hermann Heimpel* (6; S. 7): „Daß im Einzelnen das Allgemeine enthalten und auffindbar sei: Mundus in gutta", und daß es möglich sei, „im Rahmen eines allgemeinen Überblickes, an *einzelnen* Stellen eine echte Begegnung mit der geschichtlichen Welt zu haben, und ... auf andere Gebiete anzuwenden." — *Wilhelm Weischedel* (7) spricht von der „Anwesenheit des Ganzen im Einzelnen" und daß „im einzelnen Ereignis etwas vom Wesen der Geschichte *überhaupt zum Aufleuchten* kommt". (Die Hervorhebungen in den Zitaten dieses Absatzes sind überall hinzugefügt.)

Das exemplarische Betrachten ist das Gegenteil des Spezialistentums (8). Es will nicht vereinzeln; es sucht im Einzelnen das Ganze. („Unmöglich —" sagt, wer nur addieren kann.)

Da es hier zunächst auf begriffliche Zuspitzung ankommen soll: Ein radikal exemplarischer Mathematikunterricht könnte sich etwa auf die Betrachtung des einen antiken Beweises für das Nicht-Abbrechen der Primzahlenreihe beschränken (9) und daran einiges (nicht alles) sichtbar machen (10) von dem, was für Mathematik kennzeichnend ist. Das Beispiel ist absichtlich übertrieben und bedeutet keinen Vorschlag. Doch bin ich überzeugt, daß ein Blick schon in diesen Spiegel allein, wenn er nur tief genug wäre, mehr Mathematisches enthüllen könnte, als mancher „mitgekriegt" hat, der die Reifeprüfung in „Mathe" ungeschoren passierte. (Andere Beispiele aus Physik und Mathematik: (11; 12)). — Für die Biologie hat *Richard Goldschmidt* (14) vor dreißig Jahren vorgeführt, wie man allein am Pferdespulwurm das wesentlich Biologische klären kann. — Und *Kerschensteiner* schreibt (13): „Vor vierzig Jahren hat Prof. Götte in Straßburg ... ein ausgezeichnetes Büchlein geschrieben, in welchem an fünf bis zehn Tieren alle wesentlichen Erscheinungen, Begriffe und Gesetze auf dem Gebiet der Zoologie studiert und in einen Zusammenhang gebracht werden."

4. Spontaneität

Dies alles wurde bis jetzt absichtlich etwas einseitig von der Objektseite her betrachtet. Auch ein autoritärer und rein dozierender Lehrer könnte dem seine Zustimmung geben. Er selbst wäre dann der Bereiter der Plattformen und der das Ganze sammelnden Spiegel. Es bedarf aber der Einsicht, daß die andere Seite, das Kind, in seiner Ganzheit und Spontaneität ebenso stark einbezogen sein muß. Deshalb heißt es ja in der Tübinger Resolution: „wirklich erfaßt" und deshalb spricht Heimpel (6) von „einer echten Begegnung". Daher ja der Wunsch nach der Verdichtung.

Wir müssen also Kind und Sache gleichermaßen im Blick haben, das heißt:

Die Ballungen, *Plattformen*, müssen auch auf der Subjektseite Ballungen der Aktivität des Kindes sein. Sie müssen eindringlich und inständig sein, in die Sache hinein und in den Seelengrund des Lernenden hinein.

Die *Spiegelung* muß nicht nur das Ganze des Faches, — im günstigen Fall das Ganze der geistigen Welt —, sie muß auch das Ganze des Lernenden (nicht nur z. B. seine Intelligenz) erhellen.

5. „Einstieg"

„Einstieg" bedeutet schon bei dem von Plattform zu Plattform schubweis (noch dem System entlang) vordringenden Lehrgang, daß man *nicht unbedingt von ganz „unten"*, vom „Einfachen" her in den Turm des Faches hineingeht, bis zur ersten Plattform kommt, sich dort ausbreitet, dann schnell zur zweiten steigt, sich dort niederläßt, u.s.f. Es bedeutet, daß man bei einem *Problem,* das der ersten Plattform entspricht, *ohne „bereitgestellte" Vorkenntnisse „einsteigt"* — (man verzeihe das belastete Wort; es erinnert an Einbrecher, macht aber deutlich, daß man nicht unten zur Türe hineingeht) —, sofort also eine relativ komplexe, und damit die Spontaneität des Kindes heraus*fordernde* Frage sich vornimmt (Bild III').

Statt also z. B. die Optik auf der üblichen Linie zu durchlaufen (selbstleuchtende und beleuchtete Körper, Schatten, gradlinige Ausbreitung, Finsternisse, …), könnte man sie beginnen mit dem Problem, das Kepler (15) sich in seiner Optik von 1604 stellt, nämlich mit der Frage, woher die „Sonnentaler" kommen: „Daß der Sonnenstrahl, der durch irgend eine Spalte dringt, in Form eines Kreises auf die gegenüberliegende Fläche auffällt, ist eine allen geläufige Tatsache. Dies erblickt man unter rissigen Dächern, in Kirchen mit durchlöcherten Fensterscheiben und ebenso unter jedem Baume. Von der wunderbaren Erscheinung dieser Sache angezogen, haben sich die Alten um die Erforschung der Ursachen Mühe gegeben. Aber ich habe bis heute noch keinen gefunden, der eine richtige Erklärung geliefert hätte." (15; S. 13)

Bild III' soll zeigen: ein Einstieg geschieht von außen, die Gedankenarbeit dringt zu den Elementen hinunter vor (hier also zur geradlinigen Ausbreitung) *und* zu komplizierteren Fragen.

Ein zweiter Einstieg wiederholt dann dieses Verfahren etwas „höher", etwa an dem Phänomen, das *Goethe* beschreibt: ein weißes Steinchen, im klaren Wasser vor dunklem Hintergrund, erscheint nicht nur gehoben, sondern auch farbig gerandet, und dies um so mehr, je tiefer es sinkt —, um daraus den Komplex Brechung — Dispersion auseinanderzufalten und abwärts zu der damit verquickten Reflexion, aufwärts zum Spektrum vorzudringen (20; S. 58-62).

Wir steigen also beim „Einstieg" von dem Problem aus hinab ins Elementare, wir suchen das, wonach es zu seiner Erklärung verlangt. Eine Auswahl ist damit gegeben: *wir häufen nicht mehr auf Vorrat,* sondern suchen, was wir brauchen, wir verfahren also wie in der ursprünglichen Forschung. *Das Seltsame fordert uns heraus, und wir fordern ihm das Einfache ab.*

Ein erprobter Einstieg in die Mechanik ist die harmlos aussehende Frage: „Wohin fällt ein Stein, der aus dem Fenster eines Turmes gehalten und losgelassen wird?" Anfangs trivial erscheinend, verwirrt sie sich sofort in einer höchst fesselnden Weise, wenn einem dabei Erdkrümmung und Rotation einfallen, und entwirrt sich im Nachdenken wieder und legt frei: das Trägheitsgesetz, das Unabhängigkeitsprinzip, einen Beweis für die Erdrotation und vor allem — die Denkweise des Physikers.

Das Kunststück wird sein: das Ausgangs-Problem nicht zu sehr und nicht zu wenig komplex zu wählen und das ganze Verfahren nicht zu fanatisieren. Eingedenk zu sein, daß daneben der Grundsatz „vom Einfachen zum Komplizierten" ebenfalls seine — begrenzte — Gültigkeit hat.

6. Das exemplarische Lernen als ein Widerfahren

Ich komme noch einmal auf den Abschnitt 4 zurück: Für den Einstieg genügt es vielleicht, wenn das Problem „interessiert". Für das exemplarische Thema, das — allein — das Ganze spiegeln soll, verlangen wir eine stärkere Spontaneität, ein noch viel tieferes „ergriffenes Ergreifen" für den Lernenden. Es würde den höchsten Gegensatz bedeuten zu jener „Erledigungsmaschinerie", zu der auch die Schule heute zu werden droht. — Der Begriff der „Aufmerksamkeit" bedarf einer neuen Besinnung. (66)

Ich zitiere *Max Picard* (16): „Das charakterisiert den Menschen von heute: Es findet keine Begegnung mehr statt zwischen ihm und dem Objekt, es ist kein Geschehnis mehr, ein Objekt vor sich zu haben, man hat es schon, ehe man danach gelangt hat, und es verläßt einen, ehe man es von sich entläßt. — Man kommt zu den Objekten nur auf Umwegen, indirekt, provisorisch, approximativ, unverbindlich, das heißt, man kommt gar nicht zu den Objekten, sondern ... sie werden einem geliefert. Es ist alles, wie schon vor-geschehen...'. Alle Objekte scheinen zu einer ungeheuren Erledigungsmaschinerie zu gehören, der Mensch ist ein Teil von ihr: die Stelle, an der das Erledigte abgeliefert wird. — Der Sinn einer Begegnung aber ist, dem Objekt, das vor einem ist, Zeit, und das heißt Liebe, zu geben." Dies alles scheint mir Wort für Wort auf die Schule zuzutreffen.

Man spricht hier gern von „Begegnung" (17). — *O. F. Bollnow* (18) hat gute Gründe angeführt dafür, diesen Begriff den hohen Wandlungen (Saulus — Paulus) vorzubehalten, die im Unterricht sehr selten sein müssen. Sprechen wir also lieber von „Erlebnis" oder „Erfahrung"; in den Naturwissenschaften, um die ihnen eigentümliche Härte zu kennzeichnen, von einem „Widerfahren". (Wenn es das Wort gäbe, möchte man von einer „Widerfährnis" sprechen, um zugleich das Ungesicherte des Unternehmens anklingen zu lassen.)

Eine rein organisatorische Folgerung ergibt sich sofort: ein exemplarischer Unterricht ist mit dem Hackwerk der 45-Minuten-Portionen ganz unverträglich, er strebt nach dem Epochen-Unterricht. Tag für Tag mindestens zwei Stunden dasselbe Thema: das gräbt sich ein in die Herzen der Schüler und Lehrer und arbeitet dort, Tag und Nacht.

7. Das Verhältnis des Exemplarischen zum Einstieg

Der Einstieg hat den Stufenbau im Sinne, von Plattform zu Plattform. Das *exemplarische Verfahren* — in seiner reinen Form — hat das nicht, es kann auf ein einziges ausstrahlendes Problem sich beschränken. Es *hat nicht Stufencharakter,* aber auch bei ihm wird in das Problem ohne Vorbereitung hineingesprungen. (Deshalb wird ein Bild IV' überflüssig.) Wohl aber kann ein Einstieg (obwohl er den Stufenbau im Sinne hat) *zugleich* exemplarisch sein. (So wie ein Ofen gleichzeitig nicht nur durch den Transport der Luft sondern auch durch Strahlung in die Weite wirkt.)

8. Das Verhältnis des Exemplarischen zum Kanon

Bei *Heimpel* hieß es (6): „im Rahmen eines allgemeinen Überblikkes", und *W. Flitner* hat betont (2), daß Geschichte erst einmal erzählt werden müsse. Entsprechendes gilt für die Naturwissenschaften (wenn es auch hier nicht nötig ist und nicht gut wäre, sie zu erzählen; sie wollen getan sein). Gewisse Dinge muß man heute wirklich wissen. Nicht wie ein Radioapparat im Einzelnen funktioniert, oder das „Weltalter" der modernen Kosmogonie, sondern etwa, was es auf sich hat mit dem Auffrieren der Wasserleitungen; auch daß man nicht, wenn es nach Gas riecht, den elektrischen Schalter benutzt, und einiges andere, gar nicht so sehr viel. Und nicht nur Nützliches. Zum Beispiel: „Woher es kommt", daß der schräg aus dem Wasser wachsende Pflanzenstengel geknickt aussieht, ohne es zu sein. Man sollte auch wissen, wie diese Dinge zusammenhängen. Nicht nur, um sie dann besser auf einen Gedächtnisfaden reihen zu können, sondern weil es eine Weltvertrauen erweckende und damit bildende Erfahrung ist, daß, wie der Physiker *Tyndall* (19; S. 114) einmal sagt, die Dinge „in der physischen Welt wie in der moralischen nie vereinzelt dastehen".

Für die Oberstufe der Höheren Schule und die letzten Jahre der Volksschule ist also ein solcher Kanon die Voraussetzung für exemplarische Tiefenbohrungen, die hinein führen in diese zuvor gelegte Grundlandschaft.

Damit soll aber nicht gesagt sein, daß bei der Ausbreitung dieser Grundlandschaft nun alles beim alten Schrittchen-Trott bleiben müsse, und damit die Gefahr der Stoffüberschüttung nur dorthin abgedrängt sei. Denn:

a) Dieser Kanon muß gar nicht so überfüllt sein, wie wir zunächst glauben. In der Physik z. B. wie in der Biologie würde eine Beschränkung auf Erscheinungen (Phänomene) (20; S. 19) und der Verzicht auf verfrühte und immer wiederholte Mathematisierung und Theoretisierung ungeheure Erleichterungen schaffen (21; S. 170). Es ist nur nötig, daß die mehr fachlich als geistesgeschichtlich und pädagogisch ausgebildeten naturwissenschaftlichen Gymnasiallehrer das Vertrauen fassen, zu erkennen, daß dies *auch* schon Physik und auch schon Biologie ist. Auch der Weg zu den astronomischen Grundkenntnissen läßt sich ohne Verzicht auf Strenge und Einsicht sehr vereinfachen (22).

b) Auch bei der Gewinnung dieses grundlegenden Kanons gibt es schon den Einstieg und sogar Exemplarisches. Auch die Volksschule und die Mittelstufe der Höheren Schule haben die Möglichkeit, Plattformen zu bilden, und auch hier schon solche, von denen eine exemplarische Erhellung möglich ist. Das kann natürlich nur durch ausführliche Erfahrungsberichte glaubhaft gemacht werden (20; 22; 59).

II.

1. Nach diesem Versuch, das Exemplarische gegen andere Lehr-Gang-Arten abzugrenzen, wende ich mich jetzt ihm ausschließlich zu und frage: Welches sind denn in einem Fach „exemplarische Themen" und wofür sind sie es? Was heißt das, dieses *Erleuchten des Ganzen?*

So fragen heißt zugleich schon abwehren: Die Antwort sollte nicht einen allgemeingültigen „Katalog exemplarischer Stoffe" nach sich ziehen. Das wäre der Tod des Verfahrens. Gewiß wird es von der Seite der Sache her nicht gleichgültig sein, welches Thema man sich wählt. Aber auch beim Lehrer ist Ergriffensein notwendig, und das ist immer individuell. Ja, es gehört, worauf besonders *K. Barthel* (23; S. 36) kürzlich hinwies, auch auf seiner Seite das Wagnis, die Ungesichertheit wesentlich dazu. Lehrer *und* Schüler müssen durch ein Problem, wenn es exemplarisch sein soll, nicht nur zum Tun, sie müssen aus ihrer Sicherheit herausgefordert werden. Nicht bedarf es eines knappen Kataloges exemplarischer Themen, sondern breiter individueller Tätigkeitsberichte, nicht zum Nachmachen, sondern zum Anstecken. Wir Lehrer müssen als Individuen aufeinander hören, nicht als Funktionäre einem Schema gehorchen. Auch wird es vielleicht gar nicht gelingen, Themen zu finden, die *nur* exemplarisch (strahlend) und solche, die *nur* plattformhaft (ballend) wären. Aber es ist nicht überflüssig, zu wissen, was man an einem Thema schätzt.

2. Ich beginne wieder mit *Physik*. Wir besitzen von *Spranger* eine kleine Arbeit „Die Fruchtbarkeit des *Elementaren*" *(24)*. Das Wort „fruchtbar" weist in der Richtung unseres Suchens. Dort ist die Rede von dem „reinen Fall", d.h. dem „aus seinem Aufbaugesetz unmittelbar verständlichen Fall, ... der dann für die Fülle wirklich vorkommender Erscheinungen das Grundschema abgibt". Und aus der Physik sind genannt: die gradlinige Bewegung als die einfachste, und der Satz vom Parallelogramm der Kräfte. Ich füge hinzu: Die Newtonschen Axiome der Mechanik überhaupt, insbesondere „Kraft = Masse mal Beschleunigung", den Energiesatz, vielleicht das Relativitätsprinzip u.s.f. — Dasselbe meint *Kepler* in seinem Vorwort an Rudolph den Zweiten, wenn er berichtet, er habe „einige optische Lehrsätze in Angriff nehmen können, die zwar anscheinend unbedeutend, doch den Keim für die höchsten Dinge in sich tragen." *(15; S. 7)*

Danach ist das in diesem Sinne Elementare immer auf der Seite des schon fachlich erschlossenen Objektes zu suchen, hier also nicht mehr in der Natur, sondern in der physikalisch schon reduzierten Natur; herausgeholtes allgemeines Ergebnis, das die Vielzahl der Einzelfälle beherrscht. Wer „Kraft = Masse mal Beschleunigung" beherrscht, kann durch Integration die mechanischen Situationen grundsätzlich bewältigen.

Das Elementare ist also ein wichtiges *Ziel* des Physik-Unterrichtes. Es ist jenes Einfache, das „nicht so einfach" ist, und mit dem die Schule deshalb nicht beginnen kann. Für den fertigen Könner das erste, was er „ansetzt", für den forschenden Neuling das Letzte, das aus der komplexen seltsamen Erscheinung Auszugrabende. „Der sogenannte reine Fall wird nur durch vorangehende sorgfältige Analyse des in der Erfahrung Gegebenen und durch nachfolgende gedankliche Konstruktion erfaßt. Diese Leistung steht nun keineswegs am Anfang des Erkennens, sondern sie ist Resultat der vollen Sachbeherrschung und des reifsten Denkens." (*Spranger*, 25) Der Unterricht *kann nicht mit dem Elementaren beginnen*, er muß darauf zusteuern. Vom Einstieg aus muß er zum Elementaren hinabsteigen und es freilegen. Sind dann die elementaren Sätze angeeignet, so bedeuten sie beherrschende Schlüsselstellungen.

So notwendig nun bei der Wahl eines Problems darauf zu achten ist, daß seine Lösung Elementares freilegt, so ist das doch noch nicht hinreichend, wenn wir bilden wollen. Denn man kann sich einen vorzüglich ausgebildeten Physiker und auch schon einen Primaner vorstellen, der „Kraft = Masse mal Beschleunigung" souverän anzuwenden versteht, und der doch nicht gebildet genannt werden dürfte.

Versteht man nämlich den Bildungsprozeß so, daß ein ergriffenes Ergreifen dazu gehört, das zwischen dem ganzen Subjekt und dem ganzen Objekt die Auseinander-Setzung herbeiführt; bedenkt man, daß wir Physik heute nicht mehr verstehen als die Lehre davon, wie die Natur „eigentlich ist" (26; S. 10, 12, 18, 19, 60, 90, 111, 132, 135 und 27; S. 25), sondern als eine Verstehens-Weise und einen aus ihr sich ergebenden Aspekt, der auf einem ganz bestimmten Verhörs-Reglement, einer Methode beruht, mit der die Natur uns erlaubt, sie auszufragen,

erkennt man — mit *Litt* (28; S. 55 ff.) — an, daß diese Methode Subjekt und Objekt erst *erzeugt,* indem sie den Menschen zu dem auf Logik (29) versteiften „Beobachter", Natur auf das grundsätzlich Meßbare verengt,

erkennt man dies alles an, so kann man keinen Unterricht bildend nennen, der nicht diese „*Trias*" (28) Subjekt-Methode-Objekt immer vor sich sieht, ja, mit zum *Gegenstand* des Unterrichts macht. Er ist dann kein rein physikalischer Unterricht mehr, und tatsächlich darf er das nicht allein sein, wenn er bilden will. Kein von seinem Fach benommener Lehrer, kein philosophisch nicht angerührter Lehrer ist imstande, Physik allgemeinbildend zu unterrichten.

3. Wir finden bei *Heisenberg* (26; S. 39) eine biographische Anmerkung zu seinen Schulerfahrungen, die geeignet ist, genau zu zeigen, was gemeint ist. — Es heißt dort „... daß die Mathematik in irgend einer Weise auf die Gebilde unserer Erfahrung paßt, empfand ich als außerordentlich merkwürdig und aufregend. ... Gewöhnlich läßt der Schulunterricht die verschiedenen Landschaften der geistigen Welt ... vorbeiziehen, ohne daß wir in ihnen recht heimisch werden. Er beleuchtet sie ... je nach den Fähigkeiten des Lehrers mit einem mehr oder weniger hellen Licht, und die Bilder haften längere oder kürzere Zeit in unserer Erinnerung. Aber in einigen seltenen Fällen fängt ein Gegenstand, der so ins Blickfeld getreten ist, plötzlich an, im eigenen Lichte zu leuchten ... und schließlich füllt das von ihm ausgestrahlte Licht einen immer größeren Raum in unserem Denken, greift auf andere Gegenstände über und wird schließlich zu einem wichtigen Teil unseres eigenen Lebens. — So ging es mir damals mit der Erkenntnis, daß die Mathematik auf die Dinge unserer Erfahrung paßt ...“

In diesen Sätzen glaube ich deutlich alle Merkmale des Exemplarischen zu erkennen: Wofür hier irgend welche Stoffe, die nicht genannt werden, exemplarisch wurden, das ist nicht das nebenbei und selbstverständlich sich ergebende Elementare (etwa: $K = m \cdot b$), es ist die *Mathematisierbarkeit* gewisser natürlicher Abläufe. Vielleicht dürfen wir so etwas, zum Unterschied gegen das „Elementare“, *„fundamental“* (30; 59) nennen.

Es ist nicht das, was, wie das „Elementare“ in der Physik, den „Beobachter“ ermächtigt, viele Einzelaufgaben zu lösen, sondern es ist — eine Schicht tiefer — etwas, was den Menschen und sein Fundament *und* die Sache und ihr Fundament — und beides ist untrennbar — erzittern macht. Es zeigt in neuem Licht den Menschen als einen, dem es — unter gewissen einschränkenden Bedingungen — gegeben ist, mathematische Naturgesetze zu finden, und die Natur, die sich diesen Gesetzen „ergibt“ — unter denselben Bedingungen, dem Zeremoniell des Experimentes, außerhalb deren sie aber mit rätselvollem Lächeln unberührt bleibt. — Wahrlich eine „aufregende“ Erfahrung: Die Erfahrung Pythagoras' und Keplers.

„Aufregend“ ist diese Erfahrung, nicht nur interessant; und doch

muß nicht jeder das bemerken, der die Newtonschen Axiome anwenden kann; — „heimisch" werden muß man in einer Sache, bis sie sich so offenbart; — „leuchtend" wird diese Erfahrung dann, im Gegensatz zu der Beleuchtung, die der Lehrer im Schnellverfahren geben muß; — sie erhellt, und zwar „plötzlich" wie jedes entscheidende geistige Geschehen, sofern ihm die Geduld vorausging; ganz wie es bei Platon steht: „aus lange Zeit fortgesetztem, dem Gegenstand gewidmetem, wissenschaftlichem Verkehr ... tritt es plötzlich in der Seele hervor wie ein durch einen abspringenden Funken entzündetes Licht und nährt sich dann durch sich selbst."[2] Es füllt einen größeren Raum, nicht des Faches, sondern „in unserem Denken", ja, im Raume „unseres Lebens".

Wir haben hier also den seltenen und schon übergeordneten Fall, daß das Ganze der geistigen Welt und das Ganze der Person von einer solchen fundamentalen Erfahrung ergriffen wurde. Das ist die Auslösung eines „Bildungs"-Prozesses.

Aus diesem Beispiel darf man folgenden allgemeinen Satz ziehen:

Ein gewisser Stoff, oder wesentlich richtiger: ein gewisses *Problem* (sagen wir: die Frage Galileis: Wie rollt die Kugel das schräge Brett hinunter?) kann *exemplarisch* werden für eine *fundamentale* Erfahrung (hier die Mathematisierbarkeit gewisser natürlicher Abläufe). Fundamental sind solche Erfahrungen, welche die gemeinsame Basis des Menschen und der Sache (mit der er sich auseinander-setzt) erzittern lassen. Nur dann können wir von einer bildenden Erfahrung sprechen. — „*Elementare*" Einsichten liefert sie notwendig und unvermeidlich nebenbei. Hier bei Galileis Versuch etwa: das Beharrungsgesetz, (indem er nämlich ein zweites Brett, das die Kugel wieder hinaufläuft, allmählich in die Horizontale bringt, auf die ja sein Beharrungsgesetz dann auch beschränkt bleibt.)

Es gibt noch andere solche fundamentale Erfahrungen des Faches Physik. Sie alle sind „*Funktionsziele*" (11; 21) des Unterrichts im Gegensatz zu stofflichen Zielen, die sich dann aber notwendig nebenbei ergeben:

---

2 Briefe, übers. v. O. Apelt, Leipzig, 1918 S. 72

Fachliche Schulung ist immer ein Nebenergebnis des Bildungsvorgangs, nicht notwendig umgekehrt.

Innerhalb der „Trias" Subjekt-Methode-Objekt, nicht von ihr abzulösen, sehe ich auf der Seite des Objektes, neben

a) der erwähnten *Mathematisierbarkeit*

b) die Erfahrung, daß schon vorher, (vor dem Messen, Mathematisieren, Theoretisieren) die reinen „*Phänomene*" Ordnung und *Zusammenhang* erkennen lassen (z. B. lassen sich Verdunsten, Sieden im Vakuum, Diffusion aller Aggregatzustände, Eigendruck der Gase zusammenfassen als ein aktives Auflösungsbestreben alles Stofflichen — *vor* der kinetischen Theorie der Materie) und schließlich,

c) daß das Ausdenken von mehr oder weniger anschaulichen Gleichnissen (Modellen, Bildern) wie Wellen, Feldern, Atommodellen, zu einer wesentlichen Verbesserung dieses Zusammenhanges führt. Man könnte von einer „*Modellbereitschaft*" der physikalisch betrachtbaren Natur sprechen. —

Fundamental erscheinen weiter die Einsichten,

a) daß die Methode des Experimentes nicht voraussetzungslos ist (abgeschlossenes System, Wiederholbarkeit, Unabhängigkeit von der Person des Beobachters . . .), nicht *die* Methode ist, sondern *eine,*

b) daß der Physiker sich auf ein zuerst zerlegendes, dann summierendes Verfahren beschränkt und auf quantifizierbare Begriffe,

c) daß also, sieht man die ganze „Trias" an, Physik als eine besondere Verstehensweise nur einen *Aspekt* der Natur eröffnet, über dessen Möglichkeit wir überdies nur staunen können.

Physik sagt nicht, wie Natur ist, sie sagt nur, wie Natur antwortet. Sie antwortet entgegenkommend. Und diese Begreifbarkeit der Natur ist, wie Einstein einmal sagt, das Unbegreifliche an ihr.

Auf solche Einsichten scheint es mir im Physikunterricht anzukommen, wenn er ein bildender Unterricht sein soll, und ich sehe keinen anderen Weg als den exemplarischen, um dahin zu kommen. Nicht, weil wir „leider keine Zeit mehr" hätten, alles „durchzunehmen", was sich zunehmend an Wissen anhäuft, sondern weil wir *viel* Zeit haben, und weil es in jedem Fall sinnlos wäre, erfolglos, weder schulend noch bildend, diese Zeit mit Stoffanhäufung zu vertun. Das exemplarische Lehren ist kein aus Resignation eröffneter neuer Notausgang, es ist die Zurückbesinnung auf das, was das Lehren schon immer nur sein konnte.

Die bisher genannten fundamentalen Erfahrungen sind reine „Funktionsziele", sie enthalten keine bestimmten Einzel-Ergebnisse. Ich möchte aber glauben, daß auch gewisse End-*Ergebnisse* nahezu fundamental genannt werden können, insofern sie die Stellung des Menschen in der Welt in einem neuen Licht zeigen. Ich denke hierbei nicht daran, daß wir so unausgereifte und schwer begreifbare Theorien wie die eines geschlossenen und seit 10^9 Jahren expandierenden Weltmodells als Trophäen schleunigst in die Schulen schleppen sollten; ich denke an Einfacheres, noch lange nicht innerlich Bewältigtes: die Unendlichkeit des Weltraumes und das kopernikanische System. (22) Es wird bis heute in den Schulen mit einer solchen Oberflächlichkeit „erledigt", daß kaum ein Abiturient zu sagen weiß, warum er eigentlich Kopernikaner zu sein glaubt. Die lehrhafte Versicherung, was wir täglich sehen, sei „nur Schein", ist einer der Beiträge, die ein ungründlicher Naturlehreunterricht dazu liefert, das Gefühl der Geborgenheit des Menschen in der Welt zu zerstören (31). *Das* sind die wichtigen Ergebnisse der Naturwissenschaft, die, in der Schule oberflächlich und eilig „gebracht", unser Heimatgefühl in der Welt in Gefahr bringen können. Dazu gehört auch die Einsicht, die bei der kinetischen Theorie der Wärme anfängt und bei der Atombombe endet, und die uns sagt, daß die so verläßlich und ruhig wirkende Materie eine aggressive Tendenz wesenhaft in sich trägt. Die Aggregatzustände enthüllen sich als Stufen zunehmender Entfesselung. Und die Experimente der Kernspaltung zeigen, daß der Mensch, wenn er es verantworten will, noch mehr entfesseln kann.

Seit der Mensch das moderne naturwissenschaftliche Denken entdeckte, hat er viel Geborgenheit verloren. Er hat aber auch daran gewonnen: Die Mathematisierbarkeit erweckt Vertrauen. Beides richtig einzuschätzen, nämlich als nur im Lichte einer bestimmten beschränkenden Methode als Aspekt sich zeigend, ist das Ziel eines bildenden Physikunterrichtes. Ich wüßte nicht, wie wir diesem Ziel anders als durch gründliche exemplarische Betrachtung einiger geeigneter Probleme näher kommen könnten.

4. Ich wende mich jetzt kurz zur *Geschichte,* weil es dort wesentlich

anders aussieht, um dann zur Naturwissenschaft zurückzukehren, und zwar zur Biologie, die in gewisser Weise zwischen Geschichte und Physik steht. — O. F. *Bollnow* (18); (32) und *W. Flitner* (2) haben die Möglichkeiten und das Ausmaß des exemplarischen Unterrichtens für die Geschichte als stark eingeschränkt beurteilt. In der Tat ist es klar, daß es sein eigentliches Feld dort findet, wo es Regel und Gesetz zu entdecken gibt: Wiederkehr, Wiederholbarkeit, Gewißheit des Nachmachen-Könnens. Wer die *Methode* der Physik aus *einem* Exempel wahrhaft versteht und abstandnehmend mit dem Blick auf jene „Trias" durchschaut, kann — grundsätzlich — sich den „Rest" selber erwerben, da ja die Quelle, die Natur, immer für jeden von uns da ist; er kann auch leicht einem ausbildenden Lehrgang folgen. Er kann sogar „in Bildung geraten", indem er das Wichtigste weiß: was der Mensch, sobald er sich zur physikalischen Sicht verengt, eigentlich *tut*, der Natur und sich selber.

In der Geschichte ist es anders. Nicht nur sind die Quellen verschüttet, sie sind auch manchmal, was die Naturwissenschaft nicht kennt, entstellt, durch Irrtum und Lüge. Vor allem aber sind die menschlichen Geschicke in ihrem Ablauf weder durch Kausalität noch durch Logik bestimmt. Geschichte forscht nach dem, was einmal *war*, und was *ein*mal war, was immer anders kommt, wenn auch Verwandtes, Ähnliches wiederkehren kann (Burckhardt, Spengler, Toynbee). — Trotzdem scheint an den exemplarischen Möglichkeiten des Geschichtsunterrichtes etwas daran zu sein, sonst würden nicht Historiker wie Heimpel (6); (32) davon sprechen und erfahrene Lehrer gerade in letzter Zeit ihm nachgehen (23); (34); (35); (45); (55); (56); (67); (78).

Ohne dieser Forschungsaufgabe, vor die sich der Geschichtslehrer und Forscher gestellt sieht, vorgreifen zu wollen, darf ich einen Satz Diltheys erwähnen, der dem Laien bedeutsam erscheint. Man erfährt bekanntlich garnichts über sich selber, wenn man darüber nachdenkt, was für einer man eigentlich sein könnte, sondern dadurch, daß man sich in Situationen hineinwagt, die einen zum Handeln zwingen. Dann erfährt man Wesentliches und meist ganz Unerwartetes über sich, und nachträglich kann man es bedenken und für die Zukunft brauchen. *Dilthey* spricht nun von der entsprechenden Erfahrung nicht des Einzelnen, sondern der menschlichen Art überhaupt. Er sagt (36): „Der Mensch versteht sich selber durch keine Art von Grübelei über sich selbst, ... allein in dem Verständnis der geschichtlichen Wirklichkeit, die er hervorbringt, gelangt der Mensch zum Bewußtsein seines Vermögens im Guten wie im Schlimmen."

So wissen wir heute sehr viel mehr über uns als 1913, oder schon als 1932; und wer längere Zeiten, als er persönlich überdauern kann, geschichtlich nacherlebt, wird weniger überrascht sein vom Kommenden, als wer „in den Tag hineinlebt". Der Mensch ist in gewissen Grundzügen seines Wesens ebenso beharrlich, wie er wechselnd ist in ihrer Hervorkehrung und eben darüber wieder vergeßlich. Ein bei aller Offenkundigkeit so verborgenes Wesen wie er kann also zweifellos aus der Geschichte beharrlich ihn anwandelnde Wesenszüge ahnend entziffern, sammeln und so seiner säkularen Vergeßlichkeit vorbeugen. Ist das nicht ein fundamentales Ziel des Geschichtsunterrichtes, und gibt es nicht Stoffe, die dafür exemplarisch sein können? Man braucht gar nicht gleich an geschichtsphilosophische Höhen zu denken. Ein schlichtes und aktuelles Beispiel: Der Geschichtsunterricht aller Nationen sollte dafür sorgen, daß, was in Konzentrationslagern geschehen ist, nicht vergessen wird; nicht als Anreiz zur Rache, sondern als Warnung vor Möglichkeiten, die in uns allen liegen.

Wie wenig dieses Funktionsziel des Geschichtsunterrichts mit der physikalischen Kausalität zu tun hat, wird erst dadurch deutlich, daß es durch Hinzufügung eines zweiten (das ihm, wäre es kausal gemeint, widersprechen würde) in Wahrheit erst seinen Sinn und seine Grenze erhält: Genau so, wie es im Leben des Einzelnen trotz der unaufhörlichen Kette der Rückfälle in das immer gleiche Reagieren eine sinnvolle Linienführung, eine Art Heilsgeschichte geben kann, so fragen wir ja auch in der Geschichte, nicht nur, wie der Mensch immer wieder derselbe ist, sondern auch: wo es mit ihm hinauswill. — Vielleicht sagt der Historiker, dies sei nicht seine Sache, das sei nicht wissenschaftlich, genau wie der Physiker einwenden mag, manches, was ich „fundamental" nannte, gehe nicht ihn an, sondern den Philosophen. Aber der Fachlehrer darf nicht nur Fachmann sein, wenn er Lehrer sein will; ein Physikunterricht, der nur physikalisch, überhaupt ein Fachunterricht, der nur fachwissenschaftlich bleibt, kann zwar schulen aber nicht bilden.[3]

5. Die *Biologie:* Wir sind gewohnt, sie der Physik und der Chemie anzureihen, so wie die Mathematik der Physik. Beides ist nicht zwingend. Mathematik gehört auch zur Musik, und Biologie hat auch geschichtliche Züge. Das wird deutlich aus einem Satz des Biochemikers *F. Knoop,* den kürzlich *Butenandt* (37) anführte: Leben sei gekennzeichnet „durch eine Kontinuität chemischer Bewegung, die mit der ersten belebten Zelle ihren Anfang nahm und sich durch die Jahrtausende ununterbrochen bis zu den heute lebenden Einzelindividuen erhalten hat". Dieser sich entfaltende und differenzierende Strom der lebendigen Gestalten ist, wie der geschichtliche der Menschen, einmalig, und nicht in kausalen, sondern in morphologischen Kategorien faßbar. Die Fülle der heutigen Gestalten bildet nur einen Querschnitt durch diesen Strom. Für ihr Verständnis ist das Begriffssystem der heutigen Physik und Chemie (so scheint es wenigstens dem Laien, besonders, wenn er Physiker ist) nicht zu brauchen. (Und ebensowenig können „die Vorgänge der menschlichen Geschichte" als „die natürliche Fortsetzung der organischen Formevolution" verstanden werden. (39))

Der erwähnte Aufsatz (37) von Butenandt führt denn auch einen sehr bescheidenen Titel: „Was bedeutet Leben *unter dem Gesichtspunkt* der biologischen Chemie?" (Im Original nicht hervorgehoben) und enthält den Satz: „Seien wir uns bewußt, daß wir mit diesem Vorgehen nicht die ganze Wirklichkeit des Lebens zu erfassen vermögen. Das liegt von vornherein an der Wahl der Methodik und gilt für eine jede. Verwenden wir die Methodik der Chemie, so wird die Antwort nur aus dem Bereich der chemischen Vorgänge zu erwarten sein."

Hiernach ist es für den Laien überzeugend, wenn *Portmann* (38) schreibt, daß es zwei Fronten der biologischen Forschung gebe. Die ins Ultramikroskopische vorstoßende genetische und physiologische Arbeit, die Bau und Leistung der lebenden Substanz untersucht, und

---

3 *Lichtenberg:* Wer nur Chemie versteht, versteht auch die nicht recht. — *Pascal:* Ich will nicht Mathematiker genannt werden.

zweitens die, von Portmann selber geförderte, neue Morphologie, die sich an die mit freiem Auge angeschaute Erscheinung hält, und Form, Gestalt, Gebaren als „Kundgabe von Innerlichkeit in der Erscheinung" versteht.

Was hat dies mit dem Exemplarischen, mit den fundamentalen Erkenntnissen des biologischen Unterrichtes zu tun? Ich möchte fragen, ob es nicht Folgendes bedeutet: Es wäre wichtig,

1. daß ein jeder von uns durch eine konkrete exemplarische Untersuchung physiologischer Art diesen Satz Butenandts erfahre (daß, wer chemisch fragt, auch chemische Antworten bekommt) und

2. daß er aus einem Beispiel aus der zweiten Front erfahre, daß das Lebendige zu seiner adäquaten Erfassung ein anderes Begriffssystem, vermutlich das morphologische, braucht. Sowohl für die heutige Gestaltenwelt wie für ihre Entwicklung in der Zeit. (Die „organismische" Auffassung des Lebendigen bei *Bertalanffy* (40) und die Verhaltensforschung von *Konrad Lorenz* (41) liegen, wenigstens für den Laien, in derselben Richtung.) — Das wären fundamentale Funktionsziele, weil sie die Trias Subjekt-Methode-Objekt im Sinne haben.

Dabei ist es nun für den Lehrer sehr wichtig, daß die zweite Front, die jetzt wieder vordringt, nachdem sie seit Goethes Zeiten geruht hat, daß diese zweite, *morphologische, Betrachtung pädagogisch die erste ist*. Denn in ihr ist das Kind zu Hause, und in ihr sind die intensiven und innigen Erfahrungen möglich, die zum Exemplarischen gehören. Wir zerstören sie in der Schule nicht selten dadurch, daß wir zu früh die Pflanzen oder Tiere auf physikalische Weise behandeln, als sei das ihnen angemessen. Ich erinnere mich deutlich meines Befremdens, als der Lehrer eine weiße Blume in Tinte stellte, die dann in ihr hochstieg, und sie damit (wie ich es heute ausdrücken würde) schändete. Der Biologie-Lehrer merkt so etwas meistens nicht, da ihm angewöhnt ist, solche Einwendungen als „unsachlich" zu unterdrücken, was nichts anderes heißt als dies: er verhält sich so, als wären die physikalischen Kategorien die dem Lebendigen adäquaten. Dies glaubt kein Kind (ohne es anders als durch Abneigung sagen zu können), und ich bin geneigt, mich darin den Kindern anzuschließen.

Mit physikalischen und chemischen Untersuchungen sollten wir also länger als üblich warten und lange jene Gestaltlehre pflegen, denn (nach *Portmann):* „Die Plasmaforschung, die ins Unsichtbare vorstößt, muß zwangsläufig die vertraute Welt unserer Sinne, den Alltag unseres Erlebens hinter sich lassen. Ihr Feld ist nicht die eigentliche Erlebnissphäre des Menschen, in der sich unser Gefühlsleben, das Wirken unserer Phantasie am Reichtum der Naturformen nährt. Die Forschung, die ins Submikroskopische, ins Strukturgefüge der Moleküle vorstößt, zieht aus der Heimat des Menschen aus." (38)

Das Funktionsziel nun, das in dieser noch heimatlichen Sphäre des biologischen Unterrichtes gewonnen werden kann, scheint mir dies zu sein: „Jede lebendige Gestalt überschreitet das zur Erhaltung Notwendige", (38), womit gesagt sein soll, daß Akelei, Pfauenrad und Vogelsang niemals nur als Zweckformen verstehbar sind, sondern als das, was Portmann „Selbstdarstellung der Lebewesen" nennt und was *Stifter* meint, wenn er sagt: „Der Künstler macht sein Werk, wie die Blume blüht, wenn sie auch in der Wüste ist, und nie ein Auge auf sie fällt."

Sollte nicht auf diesem reinen Feld der Unterricht einsetzen, lange verweilen und seine exemplarischen Erfahrungen machen lassen? Und nicht, was heute noch möglich ist, in Sexta damit, daß im Winter „der Mensch" drankommt, und zwar zuerst in Gestalt des „Knochenjohann", der aus dem Schrank geholt wird. Man kann das Lebendige nicht toter anfangen. Und so geht es dann häufig weiter an all den Skeletten und Bälgen entlang durch das System hindurch. Als Gegenstück zitiere ich einen pädagogisch gerichteten Satz Portmanns aus seinem Aufsatz über die Blattgestalten (42; S. 24): „Jede liebevolle hingebende Betrachtung der Naturgestalten, auch eine schlichte Sammlung von Blättern, regt Heilkräfte der Seele an." Wie sehr hier pädagogische, in der heutigen Schule fast vergessene Saiten angeschlagen werden, zeigen die Worte „Heilkräfte der Seele". Der Unterricht, wenigstens der Gymnasien, hat nur selten im Sinn, daß die Betrachtung des Gegenstandes heilend auf den Lernenden zurückwirke; er ist fast ausschließlich darauf gerichtet, den Gegenstand denkend zu zergliedern und diese Kunst zu üben. Sie behält aber nur dann ihre hohe bildende Kraft, wenn sie von dem tieferen Seelengrund nicht durch einen Riß abgetrennt wird.

Das könnte so mißverstanden werden, als wünschte ich die exakte, die analytische Erforschung der lebendigen Substanz aus der Welt oder doch aus der Schule hinaus. Ich glaube im Gegenteil, daß auch sie Fundamentales eröffnen kann. Einfach dadurch, daß sie lehrt, genauer zu sehen und das Gesehene eindringlich zu bedenken. Das Mikroskop, über das *Kierkegaard* (43) so treffend spottete — „Hätte Christus das mit dem Mikroskop gewußt, so hätte er zuerst die Apostel untersucht" (1846) — kann zwar nichts Wesenhaftes offenbaren, aber es kann unsere Ahnungen, die wir haben über raumzeitliche Abläufe, zur Gewißheit machen. Die wichtigste scheint mir die folgende zu sein: Wir sind ja im Grunde alle überzeugt, wenn wir uns auf den Schenkel schlagen, es sei immer derselbe alte Adam, den wir da seit je bewohnen. Aber wir wissen heute durch den Einbau isotoper Atome, wie Butenandt in der genannten Arbeit (37) berichtet, daß alle Strukturen der lebenden Organismen, auch Knochen und Zähne, sich ständig ab- und wieder aufbauen, daß also dieses „Fließgleichgewicht" mit einer „Maschine" nicht verglichen werden kann.

Der „Körper" eines Organismus ist also nicht das, was der Physiker einen „Körper" nennt, er ist ein Prozeß, der nur schneller abzulaufen brauchte, um uns die Täuschung erkennen zu lassen. Will man ihn überhaupt mit Physikalischem vergleichen, so darf man nicht an einen Stein oder eine Statue denken, sondern — und auch dies wäre noch nicht erschöpfend — an einen Wirbelwind, der den Staub in seinen Prozeß einsaugt und wieder fallen läßt, eine Kumuluswolke, eine Fontäne, eine Flamme, einen Fluß.

Derartiges ist fundamental, weil es auch für den „Menschen" gilt, das heißt hier: für seinen „Leib". Wie anders sehen wir, wenn wir das eindringlich erfassen, Jugend und Alter, Gesunde und Kranke, den Andern und uns selber im Spiegel. Wie anders auch die Leiche: eine verlassene Spur im Sand. Daß unser leibhaftes Dauern in Raum und Zeit ein nicht-statisches ist, „nur" die Idee eines alle seine Materie immer neu einbeziehenden und auswerfenden Formprozesses. „Daß die gewaltigen Spannungen, welche durch die neuen Pole ent-

stehen, Forderungen an die Umgestaltung des biologischen Unterrichtes auf allen Stufen des Lehrens stellen, das wird heute kaum gesehen und wird doch schwere Aufgaben in naher Zukunft stellen."
(Portmann) (38) — Wertvolle Hinweise für die Gymnasien hat *Walther Klumpp* gegeben (38).

6. Man kann die fundamentalen, nur exemplarisch zu gewinnenden, Erfahrungen eines Faches danach einteilen, ob sie unsere Geborgenheit erschüttern oder stärken. Die Naturwissenschaften vermögen beides: die rationale Verstehbarkeit gewisser natürlicher Abläufe erweckt Vertrauen, die damit verbundene Entzauberung erschüttert es wieder. Wir können vieles, was nur dem Mißverstehenden eine Verlorenheit zu sein scheint, retten durch 1. scharfes Zusehen, 2. ständige wissenschaftstheoretische Wachsamkeit. Es zeigt sich dann, daß mancher Verlust, manche Verödung und Beängstigung nur vorgetäuscht wird dadurch, daß wir einen Aspekt für *„die Wirklichkeit"* nehmen, und dann die verschiedenen (einander auch noch widersprechenden) Ergebnisse addieren, statt sie als verschiedene Sichten ein und desselben zu erkennen. Wir sind dann davor gesichert, das Lebendige nur physikalisch-chemisch und das Geschichtliche nur biologisch zu sehen.

7. Vielleicht gibt es im Biologischen, und auch sogar im Physikalischen noch eine andere, fast magisch zu nennende Art des Zugangs, der ebenfalls an *einer* Sache sich öffnet, um dann für alle Sachen dieses Faches offen zu bleiben. Er hat aber mit der Methode des Faches nichts zu tun, und er ist auch noch kein Ergebnis. Er geschieht einmalig, gebunden an die *Gunst* einer Stunde, eines Namens, einer Stimmung, eines Lehrers; kaum zu planen, und damit der „Begegnung" im eigentlichen Sinne sich nähernd. Es handelt sich vielfach um die Freilegung der rechten Sicht, um das Wegfallen von Mißverständnissen und Vorurteilen, zum Teil solchen, die die Schule gelegt hat.
Aus der Biologie weiß ich den Fall eines Mädchens, das seinen vorher verschlossenen Zugang zum Biologischen in dem Augenblick plötzlich aufgetan sah, als ein Lehrer es bei der Hand nahm und ihm allein die Blume „Jungfer im Grün" im Garten zeigte. Name und Form

sagten ihr mit einem Male nicht nur, was *diese* Blume ist: sie wurde ihr „Schlüssel"-Blume für alle anderen.

Aus der Physik weiß ich, daß der farbige Blitz eines einzigen, ersten Tautropfens im Gras eine Einsicht zünden kann in das, was Physik ist; daß nämlich alles Apparative sekundär, Mittel, Abgeleitetes ist. Diese Einsicht, in der rechten Stimmung aufgetan, kann ganze Berge finsterster Mißverständnisse in Nichts auflösen.

Solche Erfahrungen grenzen wohl schon an die — der Untersuchung bedürftige — Frage, ob es im Deutschunterricht, in der Erfahrung der Dichtung und des Kunstwerks überhaupt, etwas dem Exemplarischen Vergleichbares gibt? Auch hier mag es um die Eröffnung einer ursprünglichen Sicht gehen, veranlaßt durch den Blitz des Einzelnen, das nun aber nicht Spiegel, nicht übertragbares Vorbild sondern *Auslöser* in einem noch zu klärenden Sinne ist. Vielleicht darf man von einer „Bezauberung" sprechen.

8. Was ist nun das Exemplarische? Ist es vielleicht der Durchbruch des Prinzips der Selbsttätigkeit und des Arbeitsunterrichtes zu tieferen, fast existentiellen Schichten? Hinwendung des Blickes auf das Fundamentale des fachlichen Sehens und Absehens? Nüchternheit, das zu sehen, was an den Eröffnungen der Physik, der Biologie, der Geschichte uns aus unserer Geborgenheit reißen will, um diese Geborgenheit zu retten durch eine Aufklärungsarbeit darüber, was wir eigentlich in diesem Fache tun und was es uns antut? Und, was nicht zu retten ist, ins Auge zu fassen?

Das würde eine sehr andere Zielsetzung sein (obwohl sie zeitweise an denselben Stoffen geschähe), als die fachliche Benommenheit, gegen die wir immer wieder in uns selber ankämpfen müssen, und die Zwangshandlung des Stoffhäufens.

Niemand weiß, ob wir in fünfzig oder hundert Jahren in unseren Breiten überhaupt noch kopfschütteln oder lächeln werden. Wenn ja, dann gewiß auch über eine Schule, die glaubte, durch Anhäufung halbverstandener und verabsolutierter Wissensergebnisse irgend etwas retten zu können. „Mut zur Lücke" sagten wir anfangs, leicht mißverständlich. Wir meinten: Mut zur Gründlichkeit, Mut zum Ursprünglichen.

An die Stelle des Idols der breiten und statischen Vollständigkeit, die uns ängstlich Vorratskammern füllen läßt, suchen wir offenbar etwas Neues, einen entschlossenen Durchbruch zu den Quellen. Nicht Vollständigkeit der letzten Ergebnisse, sondern die *Unerschöpflichkeit des Ursprünglichen.*

Literatur

(1) Albert Einstein, Leopold Infeld: Die Evolution der Physik. Rowohlts Deutsche Enzyklopädie, Bd. 12

(2) Wilhelm Flitner: Der Kampf gegen die Stoffülle: Exemplarisches Lernen, Verdichtung und Auswahl, Die Sammlung, 1955, S. 556 ff.

(3) Ernst Mach: Über den relativen Bildungswert der philologischen und der mathematisch-naturwissenschaftlichen Unterrichtsfächer der Höheren Schulen; (Vortrag 1881); in: Populärwissenschaftliche Vorlesungen, Leipzig, 1923, S. 313—355

(4) Lichtenberg, Aphorismen

(5) Abgedruckt in den Zeitschriften: „Bildung und Erziehung", V. (1952), S. 58 ff. „Die Höhere Schule", IV (1951), S. 6 ff. „Die Pädagogische Provinz", 1951, S. 623 ff. Erörtert in: Wilhelm Flitner: „Grund- und Zeitfragen der Erziehung und Bildung", Stuttgart 1954, S. 125 ff.

(6) Hermann Heimpel: Selbstkritik der Universität; Deutsche Universitäts-Zeitung, IV, Nr. 20, S. 5 ff.

(7) Wilhelm Weischedel: Sinn und Widersinn der Wissenschaft. Deutsche Universitäts-Zeitung X. Heft 18, S. 6 ff.

(8) Martin Wagenschein: Gegen das Spezialistentum. Die Pädagogische Provinz, 1953, Heft 3. — Siehe auch (100)

(9) Derselbe: Ein mathematisches Unterrichtsgespräch. „Bildung und Erziehung", 1949, Heft 10, S. 721—729. — Siehe auch (100)

(10) Karl Menninger: Mathematik in Deiner Welt, Göttingen, 1954, S. 51.

(11) Martin Wagenschein: Das Exemplarische Lehren als ein Weg zur Erneuerung des Unterrichts an den Gymnasien (mit besonderer Beachtung der Physik). Hamburg (Verlag der Gesellschaft der Freunde ..., Hamburg 13, Curiohaus) 1953, 3. Aufl. 1964. — Siehe auch (100)

(12) Derselbe: Das Exemplarische in seiner Bedeutung für die Überwindung der Stoff-Fülle, „Bildung und Erziehung" 1955, S. 519. — Siehe auch (100)

(13) Georg Kerschensteiner: Wesen und Wert des naturwissenschaftlichen Unterrichts, 3. Auflage, S. 116

(14) Richard Goldschmidt: Einführung in die Wissenschaft vom Leben der Ascaris; Berlin, 1927 (Bd. 3 der Sammlung „Verständliche Wissenschaft").

(15) Johannes Kepler: Ad Vitellionen paralipomena (1604) — Zusätze zur Optik des Vitelo. — Auszug in Ostwalds Klassikern der Exakten Naturwissenschaften, Bd. 198, Leipzig 1922, S. 13

(16) Max Picard: Jenes Bild, das sich auf das Urbild bezieht; in: Wegweiser in der Zeitwende, Hrsg. v. E. Kern, Ernst Reinhardt Verlag München, Basel, 1956, S. 79
Derselbe: Die Welt des Schweigens, 2. Aufl., Erlenbach-Zürich, 1950, S. 74.

(17) Elisabeth Rotten: Erziehung als Begegnung; Pädagogische Blätter, (Berlin), VI, 1955, S. 245—251

(18) Otto Friedrich Bollnow: Begegnung und Bildung; Zeitschrift für Pädagogik, I (1955), S. 10—32

(19) John Tyndall: Die Wärme, betrachtet als eine Art der Bewegung; Braunschweig, 1867, S. 114

(20) Martin Wagenschein: Natur physikalisch gesehen; Frankfurt, 1953, 4. Aufl. 1967, S. 58 ff.

(21) Derselbe: Konstruktive Stoffbeschränkung im physikalischen Unterricht; Der Mathematische und Naturwissenschaftliche Unterricht, VII, S. 165—172. — Siehe auch (100)

(22) Derselbe: Die Erde unter den Sternen, München 1955; 3. Aufl. Weinheim, 1965

(23) Konrad Barthel: Über exemplarisches Lernen im Geschichtsunterricht; „Die Sammlung", 1956, S. 35—47

(24) Eduard Spranger: Die Fruchtbarkeit des Elementaren; in: Pädagogische Perspektiven, Heidelberg, 1952, S. 87 ff.

(25) Derselbe: Der Eigengeist der Volksschule, Heidelberg, 1955, S. 98

(26) Werner Heisenberg: Das Naturbild der heutigen Physik, Rowohlts Deutsche Enzyklopädie, Bd. 8

(27) Carl Friedrich von Weizsäcker: Zum Weltbild der Physik, 6. Aufl. Stuttgart 1954.

(28) Theodor Litt: Naturwissenschaft und Menschenbildung. 3. Aufl. Heidelberg 1959

(29) Clemens Münster und Georg Picht: Naturwissenschaft und Bildung, Würzburg 1953

(30) Die Wahl dieses Wortes verdanke ich einem freundlichen Hinweis Eduard Sprangers

(31) Hinweis auf die Funktionsziele der Geologie und Astronomie in Martin Wagenschein: Das Exemplarische in seiner Bedeutung für die Überwindung der Stoffülle. Bildung und Erziehung VIII (1955), S. 519 ff. — Siehe auch (100)

(32) Otto Friedrich Bollnow: Diskussionsbemerkung in „Bildung und Erziehung" VIII (1955), S. 538

(33) Hermann Heimpel in: Erich Weniger: Neue Wege des Geschichtsunterrichts, Frankfurt a. M., 1949, S. 81—84

(34) Wolfgang Lautemann: Möglichkeiten der Stoffbeschränkung im Geschichtsunterricht der Oberstufe der Höheren Schule; Geschichte in Wissenschaft und Unterricht, 1955, Heft 10

(35) Helmut Beumann: Die Geschichte des Mittelalters auf der Oberstufe der Höheren Schule; Geschichte in Wissenschaft und Unterricht, 1955, Heft 11

(36) Dilthey: Zitiert nach J. Wach: Das Selbstverständnis des modernen Menschen, Universitas, X, 1955, S. 449

(37) Adolf Butenandt: Was bedeutet Leben unter dem Gesichtspunkt der biologischen Chemie?, Universitas X (1955), S. 475—482
Auch in Kröners Taschenbuchausgabe Bd. 230, S. 97 —108

(38) Adolf Portmann: Aufbau eines neuen Erlebens der Natur; Biologie auf zwei Fronten. Stuttgarter Zeitung 31. 12. 1955, S. 35

(39) Derselbe: Zoologie und das neue Bild des Menschen, Rowohlts Deutsche Enzyklopädie, Bd. 20, S. 26

(40) Ludwig v. Bertalanffy: Das biologische Weltbild, 2 Bde., Bern 1949
Derselbe: Die Evolution der Organismen, in Kröners Taschenbuchausgabe, Bd. 230, S. 53—66

(41) Konrad Lorenz: Er redete mit dem Vieh, den Vögeln und den Fischen, Wien, 1953
Derselbe: So kam der Mensch auf den Hund, Wien, 1953

(42) Adolf Portmann: Ein Naturforscher erzählt, Basel, 1955 S. 16—24

(43) Kierkegaard, Tagebücher, ausgew. v. Theodor Haecker, 4. Aufl. München, 1949, S. 246/7

(44) Walther Klumpp: Das Grundphänomen in der Biologie; Der mathematische und naturwissenschaftliche Unterricht, VI (1953/1954), S. 104—109

(45) Ernst Wilmanns „Fragen zum ‚Exemplarischen Geschichtsunterricht' ", in: Geschichte in Wissenschaft und Unterricht, 7. Jhrg., H. 4, 1956, S. 223—232

Nachtrag: Nach dem ersten Erscheinen dieser Arbeit (1956) wurden dem Verfasser noch folgende Veröffentlichungen bekannt:

1. Aus Zeitschriften:

(46) Wilhelm Flörke: Geochemische Betrachtungen im Chemieunterricht, in: Praktische Schulphysik („Praschu"), 1955. Heft 10

(47) Arthur Berg: Exemplarischer Unterricht, in: Lebendige Schule, 1956, S. 139

(48) Friedrich Walsdorff: Interpretation in der Schule und auf der Universität, in: „Gymnasium", 1956, S. 206

(49) K. Keller: Die spezifische Arbeitsweise der Höheren Schule, in: Die Höhere Schule, 1956, Heft 5

(50) Josef Adelmann: Das Exemplarische in der Lehrweise. In: Pädagogische Welt, 1956, S. 475

(51) Gert Otto: Kirchengeschichte im Religionsunterricht, zugleich ein Beitrag zum exemplarischen Lernen, in: Die Sammlung, 1957, S. 3

(52) Hans Knübel: Exemplarisches Arbeiten im Erdkundeunterricht, in: Geographische Rundschau, 1957, S. 56

(53) Werner Jäkel: Das Beispielhafte, in: Die Sammlung, 1957, S. 90

(54) Karl Pabelick: Bildung durch exemplarisches Lehren und Lernen, in: Neue Wege zur Unterrichtsgestaltung, 1957, S. 193

(55) Konrad Barthel: Das Exemplarische im Geschichtsunterricht, in: Geschichte in Wissenschaft und Unterricht, 1957, S. 216

(56) Joachim Rohlfes: Funktionsziele; zur Frage des Exemplarischen Lehrens im Geschichtsunterricht. In: Geschichte in Wissenschaft und Unterricht, 1957, S. 421

(57) Martin Wagenschein: „Vielwisserei Vernunft haben nicht lehrt" (Heraklit), in „Die Deutsche Schule", 1957, S. 393. — Siehe auch (100)

(58) Derselbe: Was das Exemplarische Lehren nicht ist, in: Anregung, Zeitschrift f. d. Höhere Schule (München), 1957, S. 5. — Siehe auch (100)

(59) Derselbe: Das Fallgesetz, in: „Die pädagogische Dimension der Physik", Braunschweig 1962, 2. Aufl. 1965, S. 270—275

(60) Arnold Stenzel: Erdkunde-Sendungen im Schulfunk, in: Schulfunkheft des Süddeutschen Rundfunks, August 1957, S. 288

(61) Edgar Hunger: Was heißt philosophische Vertiefung des Unterrichts?, in: Die pädagogische Provinz, 1957, S. 437

(62) Derselbe: Über den Schichtenaufbau der Funktionsziele, in: Die Pädagogische Provinz, 1957, S. 613

(63) M. F. Wocke: Exemplarischer Erdkundeunterricht, in: „Die Deutsche Schule", 1958, S. 163

(64) Gert Otto: Methodik des evangelischen Religionsunterrichts, in: Zeitschr. f. Päd. 1958, Heft 3

(65) Derselbe: Gegenwartsprobleme zwischen Theologie und Pädagogik, in: „Lutherische Rundschau", Stuttgart, VIII (1958), Heft 2

(66) Martin Wagenschein: Über die Aufmerksamkeit, in: Zeitschr. f. Päd., 1959, Heft 1. — Siehe auch (100)

(67) Horst Rumpf: Das Exemplarische als Weg zu geschichtlicher Wirklichkeit, in: Geschichte in Wissenschaft und Unterricht, 1959, S. 479

(68) Martin Wagenschein: Zur Klärung des Unterrichtsprinzips des exemplarischen Lehrens, in: Die Deutsche Schule, 1959, S. 393

(69) Derselbe: Was bleibt unseren Abiturienten vom Physikunterricht?, in: Zeitschr. f. Päd. 1960, S. 29. — Siehe auch (100)

(70) Derselbe: Das exemplarische Lehren als fächerverbindendes Prinzip, in: Die päd. Provinz, 1960, S. 628. — Siehe auch (100)

(71) Derselbe: Mathematik aus der Erde, in: Die Deutsche Schule, 1961, S. 5. — Siehe auch (100)

(72) Derselbe: Die Tragik des Mathematik-Unterrichts, in: Frankfurter Hefte, 1961, Heft 1, S. 3 — Kurzfassung in: Internat, Zeitschr. f. Erz. Wiss. VII (1961), Nr. 2, S. 163. — Siehe auch (100)

(73) Horst Rumpf: Das Schauen als Weg zur Wirklichkeit, in: Neue Sammlung, 1961, Heft 2, S. 120.

(74) Alexander Wittenberg: Ist echte gymnasiale Bildung ohne Studium der alten Sprachen möglich? In: Neue Sammlung, 1961, Heft 2, S. 141

(75) Walter Jung: Gibt es unendlich viele Zahlen? In: Neue Sammlung, 1961, Heft 2, S. 148

(76) Martin Wagenschein: Erwägungen über das exemplarische Prinzip im Biologie-Unterricht, in: Der mathematische und naturwissenschaftliche Unterricht, XV (1961/2), S. 1. — Siehe auch (100)

(77) Alexander Wittenberg: Mathematik am Gymnasium, in: Neue Sammlung, 1961, Heft 6, S. 474

(78) Horst Rumpf: Häufen oder aufspüren? Zum Gespräch über die exemplarische Geschichtsdidaktik, in: Geschichte in Wissenschaft und Unterricht, 1962, Heft 2, S. 86. Siehe auch (101)

(79) Konrad Barthel: Zeitgeschichte und exemplarisches Lehren, in: Geschichte in Wissenschaft und Unterricht, 1962, Heft 4, S. 221

(80) M. F. Wocke: Das Problem eines exemplarischen Erdkundeunterrichts, in: Die Deutsche Schule, 1962, Heft 12, S. 578

Anmerkung 1966

Eine weitere Fortführung der Liste von Zeitschriftenaufsätzen würde den Rahmen des Heftes sprengen. Sie ist auch nicht mehr nötig dank dem Erscheinen der beiden Sammelbände 97 und 100. (Siehe aber: Nachtrag 1969, auf Seite 39.)

2. Aus Büchern und Schriftenreihen

(81) Heinrich Roth: Orientierendes und exemplarisches Lehren, in: Pädagogische Psychologie des Lehrens und Lernens, Schrödel, Hannover, 1957

(82) Josef Derbolav: Das „Exemplarische" im Bildungsraum des Gymnasiums, Schwann, Düsseldorf, 1957

(83) Eduard Spranger: Der geborene Erzieher, Quelle und Meyer, Heidelberg, 1958, S. 29 f.

(84) Hans Scheuerl: Die Exemplarische Lehre, Max Niemeyer, Tübingen, 1958

(85) Wolfgang Edelstein: Exemplarisches Lernen — Beispiel Latein, Heft 14 der Schriftenreihe der Odenwaldschule (Oberhambach über Heppenheim a.d.B.)

(86) Edgar Hunger: Die Bildungsfunktion des Physikunterrichts, Vieweg, Braunschweig, 1959

(87) Martin Wagenschein: Die Aufgabe des Physik-Unterrichts, in: Die Pädagogik im XX. Jahrhundert, Her. v. W. Scheibe, Ernst Klett, Stuttgart, 1960, S. 216—222. — Siehe auch (100)

(88) Theodor Ballauf — Ernst Meyer: Exemplarisches Lehren, Exemplarisches Lernen, Ernst Klett Verlag, Stuttgart, 1960

(89) Hans Knübel: Exemplarisches Arbeiten im Erdkundeunterricht, Westermann, Braunschweig, 1960

(90) Heinrich Newe: Der Exemplarische Unterricht als Idee und Wirklichkeit, Ferdinand Hirt, Kiel, 1960

(91) Ernst Meyer: Praxis des Exemplarischen, Ernst Klett, Stuttgart, 1961

(92) Martin Wagenschein: Die Erfahrung des Erdballs, Heft 1/1967 der Schriftenreihe „Der Physikunterricht", Klett, Stuttgart.

(93) Derselbe: Die pädagogische Dimension der Physik, Westermann Verlag, Braunschweig, 1962, 2. Aufl. 1965. Insbes.: S. 214—220 und S. 270—275 (Nr. 59 dieses Verzeichnisses)

(94) Derselbe: Pädagogische Aufsätze zum mathematischen Unterricht; als Heft 4 („Exemplarisches Lehren im Mathematikunterricht"), 1962, der Schriftenreihe „Der Mathematikunterricht", Hrsg. v. E. Löffler, Ernst Klett Verlag, Stuttgart. (Enthält unter anderen die Arbeiten 9, 70, 71, 72 dieses Verzeichnisses)

(95) Wolfgang Klafki: Das pädagogische Problem des Elementaren und die Theorie der kategorialen Bildung, 2. Aufl., Julius Beltz, Weinheim, 1963

(96) Martin Wagenschein und Konrad Barthel: Exemplarisches (paradigmatisches) Lehren; Mathematik, exakte Naturwissenschaften und Geschichte. — Kap. 3 von: Pädagogisch-psychologische Praxis an höheren Schulen, Hrsg. von Kurt Strunz, Ernst Reinhardt Verlag, München und Basel, 1963. — Siehe auch (100)

(97) Berthold Gerner (Hrsg.): Das exemplarische Prinzip, Wissenschaftliche Buchgesellschaft, Darmstadt, 1963, Nr. 1518; 4. Aufl. 1970 (Sammelband; 21 Autoren, umfassendes Literaturverzeichnis von über 200 Titeln).

(98) Alexander Wittenberg: Bildung und Mathematik, Mathematik als exemplarisches Gymnasialfach, Ernst Klett Verlag, Stuttgart, 1963

(99) Derselbe: Redécouvrir les Mathématiques: Delachaux & Niestlé. Neuchatel, 1963

(100) Martin Wagenschein: Ursprüngliches Verstehen und exaktes Denken, Klett Stuttgart, 1965; 2. Aufl. u. Bd. II, 1970. (Enthält alle hier genannten Zeitschriften-Aufsätze von Wagenschein.)

(101) „Auswahl", Reihe A, Bd. 6; H. Schroedel Verlag, Hannover, 1965.

(102) Horst Rumpf: Die Misere der Höheren Schule. Luchterhand, Berlin-Neuwied, 1966. (Enthält auch Nr. 78)

(103) Ernst Meyer (hrsg.): Didaktische Studien, Exemplarisches Lehren — Exemplarisches Lernen, Ernst Klett Verlag, Stuttgart, 1969.

(104) Martin Wagenschein: Der Sechs-Stern, in: „Vertrauen und Verstehen", Festschr. f. O. F. Bollnow, Kohlhammer, Stuttgart, 1968, S. 229—244.

Nachtrag 1969
Aus der Zeitschriften-Literatur der letzten Jahre sind zwei Aufsätze besonders hervorzuheben, da sie verbreitete Mißverständnisse des exemplarischen Prinzips aufzuklären helfen:
Konrad Barthel: Mißverständnisse des Exemplarischen. In: Geschichte in Wissenschaft und Unterricht, 1964, Heft 2.
Fritz Loser: Sachunterricht als Sprachunterricht (Das exemplarische Lehren und sein Beitrag zu einer pädagogischen Theorie des Lehrens und Lernens), In: Pädagogische Rundschau, 1968, Heft 8, S. 393—411.

Nachtrag 1972
(105) Richard Kluge: Erkenntniswege im Physikunterricht, Klett, Stuttgart 1970.

Nachtrag 1974
(106) Richard Kluge: Spielzeuge als Zugang zur Physik, Diesterweg, Frankfurt, 1973.

Verdunkelndes Wissen?[1]

Naturwissenschaft und Allgemeinbildung heute

> *„Wo liegt denn dieses Mallorca?"*
> *„DAS weiß ich nicht. Wir sind hingeflogen."*[2]

Wenn man vom „stürmischen" Fortschreiten der modernen Naturwissenschaft spricht, so ist das gewiß nicht übertrieben. Jeder spürt es. Nicht so auffällig wird es, daß dieser Sturm eine entwurzelnde Wirkung haben kann, wo es darum geht, Wissen in Bildung umzusetzen.

Was Bildung auch sei, sie verträgt sich nicht mit Spaltung. Für sie muß Fortschritt ein besonnenes Fortsetzen der ursprünglichen Naturerfahrung bedeuten, nicht ein Fortlaufen vor ihr. In diesem Sinne ist Bildung ein *genetischer* Prozeß. Auf seine Auslösung in ihm selber hat jeder ein Anrecht.

Heute kann der naturwissenschaftliche Wissensanflug beim Laien Formen annehmen und Unformen, in denen er seiner Bildung verlorengeht, ja ihr im Wege steht. Er setzt sich unter Umständen *zwischen* den Menschen und die Natur.

Die folgende Betrachtung ist geordnet nach den Arten, *wie* er „dazwischenkommen" kann.

Die vorliegende Betrachtung fühlt sich im Einklang mit den tiefergehenden Darlegungen in 1. dem Abschnitt *„Zwischenbetrachtung: Fundamente im Sinnfälligen"* auf den Seiten 106 und 107 der *Empfehlungen und Gutachten des Deutschen Ausschusses für das Erziehungs- und Bildungswesen, Folge 9* (Empfehlungen für die Neuordnung der Höheren Schule), Stuttgart 1965, und 2. *Adolf Portmann: „Welterleben und Weltwissen"*, Piper-*Bücherei* Band 202.

1 Vortrag am Hessischen Rundfunk vom 5. 7. 1965, gedruckt in den „Frankfurter Heften" 4/1966, S. 261—268.
2 Nach einer Reiseplauderei im Darmstädter Echo vom 11.6. 1966.

Der Mond ist ein sehr aktueller Gegenstand unseres naturwissenschaftlichen Interesses geworden. Wir werden bald mehr von ihm
wissen, wenn auch aus zweiter Hand; und vermutlich ziemlich
Schauerliches, das kaum noch paßt zu dem glänzenden Nachtgestirn,
wie wir es aus erster Hand kennen, und wie es langsam durch die
Sternbilder zieht in wechselnder Gestalt. „Wie kommt es," so fragte
der aus dem Fernsehen bekanntgewordene Astronom Rudolf Kühn
die vielen neugierigen Besucher seiner Sternwarte, „daß die Gestalt
des Mondes vom Vollmond zum Halbmond, zur Sichel und zum
Neumond wechselt? Das Ergebnis war am Ende sehr interessant.
Etwa achtzig Prozent der Befragten wußten keine richtige Antwort,
einerlei aus welcher sozialen Schicht sie kamen. An Besuchern vom
Minister bis zum Hilfsarbeiter war auf unserer Station alles vertreten."[3] Diesen Befund kann ich aus eigener Erfahrung ergänzen:
Allein unter Studenten hat etwa jeder Vierte[4] dieselbe rasche doch
absurde Auskunft zur Hand: der Schatten unserer Erdkugel sei es;
der mache den Mond immer wieder zur Sichel.
Nicht die Unkenntnis als solche ist es, die hier bestürzt. Anständige
Unkenntnisse, ehrliche, von schwierigen Dingen, gehören zur Bildung. Aber hier ist die Wahrheit leicht zu sehen; und noch leichter
wäre zu bemerken, daß es der Erdschatten unmöglich sein kann.
der den Mond aushöhlt. Denn der Sichelmond steht am Himmel
niemals weit ab von der Sonne und nie ihr gegenüber (wie es ja
sein müßte, wenn unser Schatten auf ihn fallen sollte.) Der moderne
Mensch hat hier also oft gerade das verlernt, was die Naturwissenschaft ihn hätte lehren können: einer Sache gewahr werden, beobachten. Bedenklicher noch: statt zu wissen, was er sehen könnte,
wenn er gelernt hätte hinzusehen, hat er leere Sätze bereit; und hier
nun gar von einem andern viel selteneren, auch nicht angeschauten

---

3 *Rudolf Kühn: „Astronomie populär"* dtv 189, Seite 7.
4 Eine sehr vorsichtige Schätzung. Wahrscheinlich muß man für einen beliebigen Personenkreis sagen: jeder Zweite. (So versichern mir einige
   meiner Studenten, die diese Befragung, wenn auch unsystematisch, unter
   der Hand fortgesetzt haben.)

und also auch nicht verstandenen Ereignis her, der Mondfinsternis. Er hat es durch sogenanntes Lernen verlernt.

Gewiß also bedeutet dieses Kuriosum eine Bildungsfinsternis: ein leeres Gerede, eine Papiereule, hat sich vor den Mond gehockt und statt eines Wissens synthetische Torheit beschert. Sie verdeckt gerade *die* Wirklichkeit, aus welcher die Wahrheit hervorleuchten möchte. Um nämlich den wahren Grund der Sichelform zu erkennen, auch dazu genügt ein Hinsehen, ein geduldiges allerdings. *Ein* Rat muß dem nachdenklich Hinblickenden dabei freilich gegeben werden: daß es nichts nützt, in den Mond allein zu starren, daß man ihn vielmehr „im Hinblick auf" die Sonne betrachten muß. Denn auf diesen Genieblick — die Sonne-Mond-Konstellation als eine „Gestalt" zu sehen — wird der Einzelne von selbst kaum kommen; es sei denn, er wäre klüger als Heraklit gewesen ist (der dem Mond die Form eines breiten Nachens zudachte, der langsam seitlich schaukelt im Lauf des Monats). Durchschaut er die Konstellation, so sieht er, allmählich, wie der Mond als eine dunkle Kugel im Licht der Sonne hängt, und zwar einer sehr weit schräg *hinter* dem Mond schwebenden riesigen Sonne. — Das ist ein großer Augenblick: die Himmelskuppel löst sich in Raum auf.

So würden ein oder zwei beharrliche Blicke genügen, richtete man sie nur auf die erstaunliche Wirklichkeit des Himmels selbst, die danach zu verlangen scheint, sich uns zu enthüllen. Der persönliche Vollzug einer solchen einfachen Enthüllung, Entdeckung, ist es, ohne den naturwissenschaftliche Bildung nicht ingang kommen kann.

Wintersternbilder

Ein anderes astronomisches Beispiel ist bedeutsam durch den Kommentar, den Simone *Weil* zu ihm gegeben hat. Es geht dabei um die kopernikanische These, daß unsere Erde im Jahreslauf um die Sonne herumschwebe. Übertragen in die primäre Wirklichkeit: daß wir in einem halben Jahr ebensoweit, sehr weit, hinter der ruhenden Sonne unterwegs sein werden, wie wir es heute vor ihr sind. Diese Einsicht ist zwar sehr viel schwerer zu eröffnen als die Wahrheit der Mondsichel, und sie setzte sich denn auch erst zweitausend Jahre später durch. Aber sie ist fundamental für uns, die wir uns doch für Kopernikaner halten. Kopernikus, wenn er bei uns erscheinen könnte, würde sich wundern und durchblicken lassen, wie schlecht es uns anstehe, daß diesen Satz zwar jeder sagen lernt („apportieren", wie Lichtenberg derartiges nannte), daß aber keiner etwas anderes vor sich sieht als seinen alten Lehrer, der einen Apfel um die Lampe herumführte und sagte: So ist es!

Aber wieso ist es so? Hat nicht jeder heutige Mensch ein Anrecht darauf, wenigstens *ein* Phänomen aus der Wirklichkeit des Himmels unmittelbar zu kennen, so wie es mit diesem sagenhaften Erdumlauf, wenn es allein ihn auch nicht beweist, zu tun hat?

Eine solche Erfahrung ist es, daß es „Wintersternbilder" gibt, Orion etwa. Sie sind in unserem Sommer in keiner Nacht zu entdecken (und von keinem Ort der Erde aus). Wo sind sie geblieben? Das kann man sehr leicht herausbekommen: Hat man Orion im Winter einmal ins Auge gefaßt und bleibt ihm dann, über den Frühling hinweg, auf der Spur, so verrät er ganz bereitwillig, wo er bleibt: allmählich verkriecht er sich samt seiner ganzen Himmelsnachbarschaft in die Nähe der Sonne, — oder: sie schiebt sich zu ihm hin; wie man es nimmt; es ist nicht unterscheidbar. Orion ist also auch sommers da, aber der blendende Tageshimmel muß ihn uns verschweigen.

Ich gehe jetzt nicht darauf ein, wie man diese Kulissenverschiebung ptolemäisch oder kopernikanisch deuten kann. Jedenfalls ist sie das fundamentale Himmelsphänomen. Andere kommen noch hinzu und entscheiden dann, kopernikanisch: Weder Orion noch die Sonne verschiebt sich, sondern: wir allein sind unterwegs.

„Enracinement"

Dazu nun einige Sätze von Simone *Weil* aus ihrem Buch „L'Enracinement" (Die Einwurzelung): „Heutzutage kann ein Mensch den sogenannten gebildeten Kreisen angehören, ohne einerseits die geringste Vorstellung zu besitzen, worin das Wesen der menschlichen

Bestimmung liegen könnte, oder anderseits etwa zu wissen, daß nicht alle Sternbilder zu jeder Jahreszeit sichtbar sind. Man ist gewöhnlich der Ansicht, ein kleiner Bauernjunge, der nur die Volksschule besucht hat, wisse darüber mehr als Pythagoras, weil er gelehrig nachplappert, daß die Erde sich um die Sonne dreht. In Wirklichkeit aber betrachtet er die Gestirne nicht mehr. Jene Sonne, von der im Unterricht die Rede ist, hat für ihn nichts gemein mit der Sonne, die er sieht. *Man reißt ihn aus dem Allgesamt seiner Umweltbeziehungen heraus ...* "[5]

Herausgerissen, der Wurzeln beraubt zu werden und dafür ein Gerede angeboten zu bekommen, das ist ein nichtswürdiger Tausch. Und wir können uns leicht davon überzeugen, daß der Tatbestand dieser leeren kopernikanischen Parole für fast uns alle gilt; nicht nur für kleine Bauernkinder, sondern auch für die meisten Erwachsenen der zivilisierten Welt (Akademiker nicht ausgenommen; denen man doch *auch* ein eingewurzeltes Wissen gönnen sollte).

So läßt sich an der Astronomie besonders leicht erkennen, wie naturwissenschaftliches Wissen, ganz ohne Notwendigkeit, wirklichkeitsfremd werden und sich abspalten kann. Es spaltet dann auch uns. Was spaltet, hat mit Bildung nichts zu tun. Simone Weils letzter Satz macht deutlich, was eigentlich das Ungebildete ist an der Art, wie wir diese himmelskundlichen Fakten zu wissen meinen. Nicht daran liegt es, daß wir zu *allem*, was wir „zur Kenntnis nehmen", auch die Gründe einsehen müßten — dafür, *daß* es wahr ist. In unserem Wissenswohlstand müssen wir viele notwendige Informationen im Vertrauen zu den Experten aus deren zweiter Hand entgegennehmen. (Warum, zum Beispiel, Ascorbinsäure — Vitamin C — gegen Infektionen gut ist, das liegt wohl hinter Bergen von Biochemie versteckt, und es ist wohl auch nicht bildungträchtig. Das wäre es nur, wenn sich an ihm etwas *allgemein* Biochemisches exemplarisch erhellen ließe.) Unsere beiden astronomischen Einsichten sind besonderer Art: Nicht nur enthüllen sie fundamental Wichtiges für unsere Einordnung in den räumlichen Kosmos, nicht nur erhellen sie exemplarisch naturwissenschaftliche Denkweise, auch die Gründe

5 *Simone Weil: „Die Einwurzelung"*, München 1956, Seite 75. (Hervorhebung hinzugefügt.)

45

liegen *offen* vor uns. Unter solchen Umständen die Gründe nicht mehr zu sehen, erblindet zu sein, noch dazu *infolge* der Wortgläubigkeit, das allerdings produziert bildungswidriges, wirklichkeitsfremdes, entwurzelndes Wissen: Scheinwissen.[6]

Dies ist das erste Hindernis, das dazwischenkommen kann, wenn wir auf bildende Weise von der Natur wissen wollen. Es ist das gröbste von allen: leere Worte, die uns schmeicheln, Wissen zu sein, und uns taubmachen für die Wirklichkeit.

Modernität und Ressentiment

Hinter solcher Bildungsvergessenheit — hier des klassischen astronomischen Grundwissens — steht die Sucht des öffentlichen Bewußtseins nach Modernität. Die Neugier ist zwar eine legitime Triebkraft der Naturforschung. Trotzdem macht die Neugier auf aktuelle *Ergebnisse allein* den Zuschauer bildungsleer. Der Sinn für die *Herkunft* des Elementaren geht verloren.

Ein historischer Unglücksfall scheint dabei noch nachzuklingen, der sich beim Eindringen der Naturwissenschaften in das Gymnasium ereignet haben mag. Der Hochmut mancher Geisteswissenschafter, der die Eindringlinge naiv verkannte (als bloße Lieferanten vermeintlich nicht-menschlicher, also, wie sie folgerten, auch nicht-bildender, „Fakten" — Monde, Käfer, Chemikalien —) und sie allenfalls an den Hintereingang unserer Bildungsinstitutionen verweisen wollte, dieser Hochmut provozierte wohl auf der Gegenseite ein auftrumpfendes Ressentiment. Es äußerte sich in Stolz auf die Menge des immer Neuen und Umwälzenden und in Esoterik, die sich in den Prunkmantel facheigener Wissenschaft einhüllt, bestickt mit den Symbolen ihrer abstrakten Kunst: undurchschaubaren Formalismen und Apparaturen. Eine wahrscheinlich unbewußte, aber unheil-

---

6 Zu einer genetischen Didaktik der Himmelskunde verweise ich auf meine Schrift „Die Erfahrung des Erdballs", als Heft 1 der Schriftenreihe „der Physikunterricht", 1967, Klett, Stuttgart; erweitert aufgenommen in mein Buch „Ursprüngliches Verstehen und exaktes Denken" Bd. II (S. 25—57); Klett, Stuttgart, 1970. (Siehe auch Bd. I, S. 521—525)

volle Reaktion. Denn der Wunsch zu imponieren widerspricht der bildenden Zuwendung: *sie* will vertrautmachen.

Aufs Ganze gesehen ist diese Situation paradox: der Fortschritt der Naturwissenschaften droht die Grundlegung der naturwissenschaftlichen Bildung zu verschlingen.

Die verfremdende Apparatur

Ehe man so verallgemeinert, muß man sich aber noch eine andere Naturwissenschaft ansehen, am besten die Physik. Scheint nicht bei ihr die „Einwurzelung", der Anschluß an die Wirklichkeit, von vornherein garantiert zu sein? Denn hier werden wir ja durch Experimente und Demonstrationen unterrichtet. Sind sie nicht die handgreifliche Wirklichkeit selber? Trotzdem gibt es da etwas sehr Merkwürdiges. Auch hier kann sich vor das Eigentliche etwas Fremdes davorsetzen. Das ist unheimlicherweise eben die Apparatur[7] selbst. Sie kann, natürlich nicht dem Fachmann, aber dem bildungshungrigen Fremdling, dem Laien, dem Schüler, als gekünstelt erscheinen. Er weiß wohl, sie soll ein Naturgesetz einfangen. Aber sieht sie selbst nicht oft recht „unnatürlich" aus? Manchmal kann er den Eindruck nicht loswerden, das Arrangement erzeuge etwas, statt zu zeigen, was er doch auch ohnedies als in der Natur vorhanden verstehen möchte. Die Apparatur wirkt dann „gesucht", (vom Lehrer, nicht vom Schüler).

Es gibt „Lichtwellen". Eine fundamentale Entdeckung; auch sie. Ein Laie, der von ihnen „weiß", könnte sich fragen: *woher* weiß ich das eigentlich? Es wird ihm dann meistens der sogenannte „Fresnelsche Spiegelversuch" einfallen, eine nicht gerade komplizierte, aber doch recht raffinierte Versuchsanordnung. (Es ist jetzt nicht nötig, sie im einzelnen zu kennen.) Dieses Experiment ist völlig überzeugend. Aber mancher Überzeugte fragt sich dennoch (oft insgeheim, weil eingeschüchtert): Woher konnte denn Fresnel diese Idee *kommen*?

---

7 „Apparatur" bedeutet hier nicht „Apparat" (wie der Fernsprecher einer ist, oder der Radioapparat), sondern eine „Versuchsanordnung" komplizierterer Art.

Zweifellos mußte er vorher doch schon recht viel von diesen Wellen wissen. Offenbar wollte er sie nur auf elegante Weise, rein und meßbar, dingfestmachen. Er *muß* von ihnen schon gewußt haben, denn wenn es sie „gibt", kommen sie ja auch ohne eine so gesuchte Apparatur in der Natur vor und müssen sich einmal von selber bemerkbargemacht haben. Aber wo, in dem sonnigen Garten, der so viel Licht und Farbe trägt, ist ein einziges Anzeichen von Wellen, oder sagen wir richtiger und der Wirklichkeit näher: von „Periodizität"? Bei den meisten von uns sind hier die Wurzeln schon abgerissen oder doch vergessen. Und gerade sie wären das Bildende. Dabei sind sie nicht garso schwer zu finden. Nur wenig müssen wir zu dem Garten dazutun: wir müssen einen sehr kleinen Licht-Reflex oder -Spalt mit dunkler Umgebung suchen und das Auge engmachen. Oder, dasselbe deutlicher: im dunklen Zimmer eine entfernte Kerzenflamme durch den schmalen Spalt zwischen zwei Fingern oder zwei Messerklingen anschauen. Da *sind* sie schon, rechts und links, die Periodizitäten, die gitterartigen Wechsel zwischen Hell und Dunkel! Ihre Herkunft kann nicht in den Dingen liegen, sondern nur an ihrer Kollision mit dem Licht.[8]

Diese einfache, uns gleichsam von der Natur zugeblinzelte Entdekkung hat für sich allein schon einen höheren Bildungseffekt als das esoterische Wissen von „Lichtwellen" und der Fresnelschen Apparatur. Den höchsten gäbe produktives Mitvollziehen des Weges, der vom Natürlichen zum Apparativen führt.

So kann, was uns dazwischenkommt, auch die Apparatur sein. Es ist nicht schwer, das zu verhüten. Der Neuling, der Anfänger, braucht nur lang genug in der primären Haltung zu verharren, eindringlich lauschend auf das noch nicht umstellte, noch nicht verfremdete Naturphänomen, und von ihm aus zu suchen. Er kann gelehrt werden, die Apparatur wiederzuerfinden. Sie befremdet ihn dann nicht mehr, sie wird sein Eigentum.

Es ist leicht einzusehen, warum die Apparatur sich heute so stark vordrängt. Die aktuelle Forschung ist bekanntlich im zwanzigsten

---

8 Näheres in meinem Aufsatz *„Die periodische Struktur des Lichts"*, in: *Neue Sammlung*, 2/1968 und in „ursprüngliches Verstehen und exaktes Denken", Bd. II, S. 110—118.

Jahrhundert fast durchweg in ein Spätstadium fortgeschritten, in dem nicht mehr der Einzelne, Einsame auf die große Enthüllung hoffen darf; wo man eher von einer gewaltsamen Einkesselung verborgenster Erscheinungen sprechen muß, die nur in hochtechnisierten, oft monumentalen Apparaturen internationalen Forscher-Teams zugänglich werden[9]. Diese sekundäre Phase, deduktiv und exklusiv, *ruht* aber notwendig auf jener primären, insofern sie ohne diese nicht dawäre. In jener anfänglichen Phase ist das Phänomen — das Licht etwa jenes Gartens — unbedrängt (es sei denn durch ein Zukneifen des Auges) ein Gegenstand des Staunens für den mit Apparaten noch nicht bewaffneten, doch findigen Denker, dem sich dann einfache Experimente schrittweis nahelegen.

Auch in den Schulen treten Apparate oft vorzeitig auf; nur flüchtig motiviert. Selbst die einfachen Experimente, wo sie noch nicht Modernes mitteilen wollen, können, psychologisch gesehen, zu früh bewaffnet, schon sekundär sein, von Nachträglichkeit gezeichnet: schon Museumsbesichtigung der gesicherten Funde und nicht mehr — was allein Wissenschaft nachbilden würde — Expedition ins Unbekannte. Hierher gehören der Fresnel-Versuch, das Foucaultsche Pendel oder die Gravitationswaage. So bewirkt die an dieser Waage gewonnene Information, daß alle Körper zueinanderdrängen, wohl Wissen, aber nicht Bildung. Ein Zeichen von naturwissenschaftlicher Bildung — an dieser Stelle — wäre es, zu verstehen, wie man auf den Bau dieser Waage kommen konnte, wie man auf die Gravitation kam, wie sie „vor-kam", so daß schon Kepler, lange vor Newton, ihrer ziemlich sicher war. An einigen Stellen erlebt zu haben, wie sich die freien Erscheinungen freiwillig dem Staunenden und Findigen eröffnet haben, und sich auch heute wieder jedem Neuling zu eröffnen bereit sind, das gehört notwendig zur naturwissenschaftlichen Bildung; es sollte nicht durch ein allzu abruptes Dazwischentreten der perfekten Apparatur in den Schatten gestellt werden. (In einer Diskussion wurde dieser Satz mißverstanden als „Abwertung"

---

9 Hierzu *W. Gentner: „Individuelle und kollektive Erkenntnissuche in der modernen Naturwissenschaft", Physikalische Blätter, 1965/12,* Seite 541.

der Apparatur. — Wer sagt, die Tischplatte müsse auch Beine haben: sagt der etwas gegen die Tischplatte? Im Gegenteil: es bedeutet eine Aufwertung der Apparatur, wenn der Unterricht den Denkweg vom Natur-Phänomen zum Apparatur-Effekt kontinuierlich, sorgfältig und kritisch geht.)

Neben dem genetischen Bildungsprozeß: technisierte Information

Haben wir so viel Zeit?
Die Hilfe kommt von unerwarteter Seite. Jeder hat Anspruch auf eine naturwissenschaftliche Grundbildung. Das heißt: auf einige tragende, exemplarische Erfahrungen eingewurzelten, *genetischen* Verstehens. Dagegen braucht nicht *jede* seiner naturwissenschaftlichen Kenntnisnahmen bildend zu sein (und kann es auch nicht, dazu fehlt uns die Zeit). Es muß also außer solchen sorgfältig und mit eigenem Zutun im Gespräch und Experiment erbauten — sozusagen — Bildungs-Pfeilern noch etwas ganz anderes geben: Information, Orientierung. Sie kann verglichen werden mit weit, sparsam und straff geführten Bögen *zwischen* diesen Pfeilern; und *sie* können durch Bücher und Vorträge, aber auch mit allen Mitteln moderner technisierter Information (wie Rundfunk, Fernsehen, und vernünftig-programmierten Lernmaschinen) ausgespannt werden. Sinnvoll freilich nur dann, wenn sie an den Pfeilern sich buchstäblich befestigen. Das heißt: in den Bögen sollte nur vorkommen, was in den Pfeilern der Art nach schon exemplarisch eingebaut ist. (Wer erfahren hat, wie man ein physikalisches Gesetz findet, der kann dann informatorisch und ohne Mißverständnis andere Gesetze fertig zur Kenntnis nehmen.)

Verstehen des Einsehbaren statt Mißverständnis des Unverstehbaren

Das dritte Hindernis: Dinge, die im Pfeilerwissen des Laien oder gar des Kindes nicht nur nicht verstanden, sondern garnicht verstehbar sind, die sind es auf den informatorischen Bögen erst recht nicht. Sie erzeugen Unbildung im Aufputz der Bildung.

So muß man hoffen, daß es nur eine didaktische Kinderkrankheit des Atomzeitalters ist, wenn man Volksschülern vom Bohrschen Atommodell erzählt. Das ist nicht nur unnötig, es ruht auch auf keiner möglichen Erfahrung des Kindes. Es ist zudem längst überholt, ja streng genommen falsch[10]. Jedenfalls in der Weise, in der es, wie jedes anschauliche Atommodell, von Kindern und Laien mißverstanden werden muß, nämlich als kleine dingliche Realität. Was in der Physik ein „Modell" ist, kann das Volksschulkind wohl kaum verstehen. (Der Fall liegt, wie man sieht, anders und schwieriger als der des kopernikanischen Systems.)

Das grundsätzlich nicht Verstehbare, — es sei denn erst nach einigen Semestern physikalischen Studiums — kann also den Laien nicht bilden; es kann, wenn nachgeredet, nur verbilden.

Immer mehr wird in dem kommenden naturwissenschaftlichen Zeitalter die Schule es als eine ihrer vornehmsten Aufgaben erkennen müssen, nicht nur — wie früher — Kenntnisse zu vermitteln, sondern auch publikgewordene Scheinkenntnisse aufzulösen in das, was sie sind: in Nichts. Bildung äußert sich als Unterscheidungskraft zwischen Verstandenem und Unverstandenem; und, gegenüber einer Information: zwischen verständlich und unverständlich Vorgebrachtem.

Es sollte also Bildung geben (die man auch Formation nennen könnte) und daran anschließend: Information. Nicht geben sollte es die Deformation des Laien, der nicht mehr weiß, was Verstehen ist; das traurige Gegenbild zu der ebenso traurigen „Déformation professionelle" des Spezialisten.

---

10 Der Quantenphysiker *W. Heitler,* Ordinarius für Theoretische Physik an der Universität Zürich, schrieb in der *„Schweizerischen Lehrerzeitung"* vom 29. Januar 1965: „Ich glaube nicht, daß es gut ist, in der Mittelschule viel von Atomphysik und Elektronen zu reden. Jede anschaulich-räumliche Vorstellung dieser Gebilde ist ganz einfach falsch ... Die Wahrheit ist nur nach gründlicher Denkschulung frühestens in den mittleren Semestern des Physikstudiums erfaßbar ... Es gibt freilich einen Grund, doch davon zu sprechen: die zahlreichen (mehr oder weniger richtigen) populären Darstellungen. Vielleicht soll man ihnen in der Schule entgegnen, um den Schülern wieder den Respekt vor großen Errungenschaften, die sie noch nicht verstehen können, einzuimpfen."

Bis jetzt zeigten sich drei Hindernisse des naturwissenschaftlichen Bildungsprozesses:

1. (Am Beispiel der Mondsichel und der Wintersternbilder:) Die durchaus und leicht zu gewinnende Einsicht wird verdeckt durch die unverstandene Phrase.
2. Die — unnötigerweise — gekünstelt erscheinende Apparatur verdeckt das freie Naturphänomen, das sie doch meint. (So kann es beim Fresnel-Versuch sein.)
3. (Am Beispiel des Atommodells:) Die falsch, nämlich anschaulich, verstandene Theorie verdeckt das nur nach gründlicherem Studium verständliche Wesentliche: eben die Unanschaulichkeit.

Dazu kommt nun:

4. Die Fachsprache — unfreundlich auch Fachjargon genannt — kann dazwischenkommen, indem sie verfremdet, was sie aussagen will. Das geschieht, wenn sie überflüssig ist, weil es in der Muttersprache verständlicher gesagt werden kann. Diese Schwierigkeit entsteht häufig gerade dann, wenn der Belehrende ein zuverlässiger Fachmann ist. Derartiges gibt es natürlich auch anderswo. Wir kennen es vom Juristen bis zum Theologen. (Neuerdings sind auch die Didaktiker dazu gekommen.)

Die naturwissenschaftliche Sprache im besonderen ist positiv ausgezeichnet durch wenige, eindeutig umrissene, quantitative Begriffe; das letzte Ziel ist die wortlose, die mathematisierte Aussage. Bei anhaltender Gewöhnung an sie kann dem Fachmann der Sinn für Nuancen schwinden, die Wortfelder können schrumpfen. Wo eine solche Deformation sich angebahnt hat, fehlen ihm die Voraussetzungen für ein einführendes und einfühlendes Gespräch mit dem Laien. Und gerade auf den wichtigsten Strecken der Genese, den frühen, da wo die Einwurzelung stattfindet, hat die Fachsprache lange Zeit noch nichts zu suchen.

Beispiele für die naturwissenschaftliche Lehrbuchsprache haben wir alle kennengelernt. Als Gegenbild führe ich eine der schönsten und bezauberndsten Darstellungen an, die ich kenne. Der Verfasser ist bezeichnenderweise nichts weniger als ein Spezialist. Einen „uomo senza lettere" nennt er sich; das heißt er ist kein Buchgelehrter (noch gegen sein vierzigstes Jahr versucht er, recht vergeblich, Latein zu lernen), aber ein gebildeter Mann: Leonardo; ein Meister des Sehens und seiner Muttersprache, mit Glanz und Präzision, Kraft und Zartheit. Ich wähle eine Notiz, die er 1508, in seinem sechsundfünfzigsten Jahr, niedergeschrieben hat. Sie führt uns noch einmal zur Mondsichel zurück, und zwar zu ihrem frühesten und schönsten Stadium, in dem sie, noch ganz nah der Sonne, gerade aus der neumondlichen Unsichtbarkeit herausgetreten, als ein besonderes Rätsel die grauschimmernde ganze Mondscheibe umarmthält.

Die beiden, ursprünglich italienischen, Sätze geben die ausformulierte *Erklärung* für das, was man da sieht (und aus ihm allein versteht). Leonardo schaut, versteht, denkt und spricht in Einem; nicht über das Papier gebeugt, sondern aufgerichtet, in den Raum sich versetzend. Sein Blick webt das Verstehen, hin- und herwandernd auf dem von Lichtfluten gebildeten Dreieck Mond-Sonne-Erde. Hier ist keine Spaltung, nichts was dazwischenkommt, nur Wirklichkeit und schauende, denkende und sprechende Einwurzelung in sie. Dieses Stück Prosa, keineswegs „poetisch" gemeint (obwohl es unten, zur besseren Übersicht, in kurzen Zeilen geordnet, wie ein Gedicht aussehen mag) erscheint mir als ein kostbares Muster für die endgültige[11], präzise Fassung einer naturwissenschaftlichen Einsicht, die in der Wirklichkeit des Gegenstandes wie in der Wärme der Muttersprache bleiben darf. Es steht hier, um Lust zu machen, es einmal angesichts eines solchen jungen Mondes vorzunehmen[12]:

11 Eine ganz *ausführliche* Erörterung der möglichen Ursachen und der wirklichen Herkunft dieses „sonderbaren Glanzes" (nicht weniger meisterhaft als Leonardos Zusammenfassung) findet sich in der hundert Jahre später (1610) erschienenen ersten Veröffentlichung Galileis „Sidereus Nuncius". Diese Schrift ist jetzt, zusammen mit anderen, leicht zugänglich geworden in der von *H. Blumenberg* herausgegebenen Galilei-Auswahl *„Galileo Galilei: Sidereus Nuncius"*, sammlung insel Band 1, Frankfurt 1965, Seite 98 bis 103.
12 *Leonardo da Vinci: „Philosophische Tagebücher"*, Italienisch und Deutsch. *Rowohlts Klassiker*, Band 25, Seite 69. (Italienisch: „La luna non ha lume da sè, se non quanto ne vede il sole, tanto l'allumina; della qual luminosità, tanto ne vediamo quanto è quella che vede noi.

„Der Mond hat kein Licht von sich aus,
und soviel die Sonne von ihm sieht,
so viel beleuchtet sie;
und von dieser Beleuchtung
sehen wir so viel,
wieviel davon uns sieht.

Und seine Nacht
empfängt so viel Helligkeit,
wie unsere Gewässer ihm spenden,
indem sie das Bild der Sonne widerspiegeln,
die sich in allen jenen Gewässern spiegelt,
welche die Sonne und den Mond sehen."

— E la sua notte riceve tanto di splendore, quanto è quello che li prestano le nostre acque nel refretterli il simulacro del sole, che in tutte quelle che vedano il sole e luna si specchia.")

Weitere Beispiele für „Verdunkelndes Wissen" in meinem Vortrag „Vergessene Lernziele", in: Schulwarte, 8/1969, S. 622—634, insbes. S. 625 ff. — Erweitert enthalten in: J. Flügge (Hrsg.), Zur Pathologie des Unterrichts, Klinkhardt, Bad Heilbrunn, 1971, S. 74—91 unter dem Titel „Was bleibt?" (Verfolgt am Beispiel der Physik).

Zum Problem des Genetischen Lehrens[*]

Einige Erfahrungen und Überlegungen möchte ich hier vortragen zugunsten einer Lehrweise und einer Art des Lehrgangs, die man „Genetisch" nennen kann. Vielleicht sollte ich aber gleich deutlicher sagen: genetisch-sokratisch-exemplarisch. Obwohl ich mich dreier Worte bedienen muß, um vorläufig zu kennzeichnen, was ich meine, so glaube ich doch, daß es etwas in sich Einheitliches ist. Wenn man nach einer einzigen Bezeichnung sucht, ist es mit dem Wort *Genetisch* am ehesten getroffen. Es ist in dieser Dreiheit führend:

Genetisch

genetisch-sokratisch-exemplarisch

Es gehört zur Grundstimmung des *Pädagogischen* überhaupt. Pädagogik hat mit dem Werdenden zu tun: mit dem werdenden Menschen und — im Unterricht, als Didaktik — mit dem Werden des Wissens in ihm. Die *sokratische* Methode gehört dazu, weil das Werden, das Erwachen geistiger Kräfte, sich am wirksamsten im Gespräch vollzieht. Das *exemplarische* Prinzip gehört dazu, weil ein genetisch-sokratisches Verfahren sich auf exemplarische Themenkreise beschränken muß und auch kann. Denn es ist — ich sage nicht „zeitraubend" sondern — „muße-fordernd" und deshalb von hohem Wirkungsgrad. Und umgekehrt: ein streng exemplarisches Verfahren muß „*Genetisch*" sein. Denn die besondere Art „Gründlichkeit",

---

[*] Nach einem Vortrag im Seminar für Didaktik der Mathematik an der Universität Münster am 7. 12. 1965. Erweiterte Fassung. Die beiden Anhänge waren in dem ursprünglichen Vortrag nicht enthalten. Der erste wurde in der Zeitschrift für Pädagogik (4/1966, S. 305), der zweite erst in dem vorliegenden Band angefügt.

die zu ihm gehört, ist erst mit dem Attribut des „Genetischen" ganz erreicht.

Man bemerkt hier, und das wird die Verständigung erleichtern, daß das in diesem Sinne *Genetische* Prinzip andere Verfahren, so auch das meist übliche, das ich vorläufig einmal als das *„darlegende"* bezeichne, nicht ausschließt, sie vielmehr sinnvoll erst ermöglicht, indem es sie gewissermaßen trägt. — Ehe ich zu Beispielen komme, sind einige Vorbemerkungen nötig.

„Formatio"

Ich spreche von einem Unterricht, dessen Ziel (wenn auch nicht sein einziges) das ist, was wir unter uns Deutschen „allgemeine Bildung" genannt haben. Dieses abgegriffene Wort möchte ich — aus Respekt vor dem, was es meint — gern etwas ruhen lassen und es hin und wieder durch das nüchternere „Formatio" ersetzen, zur Unterscheidung von „Informatio" (oder „Orientierung") und von „Deformatio", der „déformation professionelle". (Ich bin übrigens nicht der Meinung, daß der heute so notwendige Spezialist ein in diesem Sinne Deformierter sein müsse.)

Es ist, zum Glück, für unser Vorhaben nicht nötig, diese Formatio vollständig zu definieren. Es genügt, wenn ich drei notwendige Tugenden nenne, von denen ich meine, daß sie gerade heute von den Gebildeten erwartet werden sollten[1]:

1. Produktive Findigkeit. Auf die erste — und ihre Seltenheit — deuten Äußerungen aus Kreisen der Wirtschaft hin, über das, was man dort an Abiturienten nicht selten vermißt. — „Sagen Sie uns bitte, was wir tun sollen!", dieser Satz, so las ich einmal, bezeichne ihre, der Abiturienten, bereitwillige Haltung: ihre Hoffnung nämlich, in der neuen Umwelt vertraute Einzelaufgaben gezeigt zu bekommen, bei denen Kenntnisse, die sie hatten, angewandt werden könnten. Nun scheint man aber etwas anderes mehr zu brauchen, und nicht nur dort, sondern überall in den höheren Rängen, denen

---

1 Es gibt also noch andere. So erwähne ich nicht das Verfügen-Können über inhaltliche Kenntnisse, zumal es ja auch für den Informierten wesentlich und bei Deformierten das Störende gerade nicht ist.

sich das Gymnasium besonders verpflichtet fühlt: den unbefangenen aber wachen Blick für das Ganze einer, gerade *un*gewohnten, Situation. Nicht also das starre Suchen nach dem Wiederfinden mitgebrachter Schemata, sondern, im Sinne der modernen Psychologie, den gelockerten Blick für das Charakteristische neuer „Gestalten"[2]. Kurz, wir brauchen Menschen, denen vor neuen Aufgaben etwas Klärendes einfällt, und gerade auch vor Aufgaben, die sie selber entdecken. Anspruchsvoller formuliert: Menschen, die gelernt haben, „produktiv" zu denken. Im Sinne *Max Wertheimers* ist das ein Vermögen, das nicht dem Genie vorbehalten ist, wenn es auch in ihm seine höchste Steigerung erreicht. Es ist etwas in uns allen mehr oder weniger, besonders stark aber in noch unbeschädigter Kindheit, Bereitstehendes gemeint; eine im darlegenden Unterricht selten ansprechbare und darum oft versiegende Potenz, die mit dem bekannten Terminus des „selbständigen Denkens" nicht genau genug getroffen ist. Seit *Wertheimer* es an eindringlichen Beispielen analysierte[3], hat es an Mystik verloren und an Lehrbarkeit gewonnen. Ist es nicht gerade das, was uns in unserem Wissenswohlstand nicht abhanden kommen darf?

Die moderne Psychologie definiert *„Begabung"* geradezu als die Fähigkeit, spontan, das heißt: „produktiv aus sich selbst lernen zu können"[4]. *Dieses* Lernen muß in der Schule gelehrt und darf nicht geschmälert werden. Denn wir wissen heute auch, daß „Begabung",

2 Wenn man, was ich nicht für glücklich halte, diese Tugend als „Wendigkeit" bezeichnet, so darf man sie jedenfalls nicht verwechseln mit der passiven Bereitschaft, die unsere abwegige Unterrichtsorganisation allzusehr züchtet: alle Stunde auf etwas ganz anderes sich umschalten zu lassen: eine Umkipp-Bereitschaft.

3 *Max Wertheimer:* Produktives Denken, übers. v. *Wolfgang Metzger*, Frankfurt 1957. — *Wolfgang Metzger:* Schöpferische Freiheit, 2. Aufl. Frankfurt, 1962.

4 *Heinrich Roth:* Jugend und Schule zwischen Reform und Restauration, Hannover 1961, S. 88.

5 Ein Umstand, der bei der Diskussion um die sogenannte Ausschöpfung der Begabungsreserven von der Öffentlichkeit noch nicht genug gekannt und beachtet wird. Es kommt nicht nur darauf an, in welche Art Schule ein Kind gerät, sondern auch darauf, ob es dort, wie man geradezu gesagt hat, „begabt wird". Hiermit hängt das Problem des „vorzeitigen

ja sogar „*Intelligenz*" nicht angeborene Konstanten sind, sondern plastische Anlagen, *erwartende Potenzen,* die durch Schicksal und Erziehung ebenso „gestiftet" wie auch verödet werden können.[5]

2. *„Enracinement".* Eine zweite Tugend des Gebildeten möchte ich vorstellen durch ein Zitat aus den Schriften von *Simone Weil*[6]:

„Heutzutage kann ein Mensch den sogenannten gebildeten Kreisen angehören, ohne einerseits die geringste Vorstellung zu besitzen, worin das Wesen der menschlichen Bestimmung liegen könnte, oder andererseits etwa zu wissen, daß nicht alle Sternbilder zu jeder Jahreszeit sichtbar sind. Man ist gewöhnlich der Ansicht, ein kleiner Bauernjunge, der nur die Volksschule besucht hat, wisse darüber mehr als Pythagoras, weil er gelehrig nachplappert, daß die Erde sich um die Sonne dreht. In Wirklichkeit betrachtet er die Gestirne nicht mehr. Jene Sonne, von der im Unterricht die Rede ist, hat für ihn nichts gemein mit der Sonne, die er sieht. Man reißt ihn aus dem Allgesamt seiner Umwelterfahrungen heraus."

„Man reißt ihn aus dem Allgesamt seiner Umwelterfahrungen heraus." — Was diesem kleinen Bauernjungen fehlt (verweigert ist) und (in diesem Fall, wie wir mit einiger Betroffenheit spüren) wohl fast Allen, auch sogenannten Gebildeten, der zivilisierten Welt, nennt sie (weit gefaßt und nicht auf Naturwissenschaft beschränkt, am stärksten wohl auf die Geschichte bezogen) „enracinement",

Abgangs von weiterführenden Schulen" zusammen, auf das *R. Dahrendorf* aufmerksam gemacht hat in seinem Buch „Bildung ist Bürgerrecht" (Die *Zeit*-Bücher, 1965) S. 82 ff. — Unter den bemerkenswerten Leserzuschriften, die nach der ersten Veröffentlichung dieses Kapitels in der *Zeit* abgedruckt wurden (am 7.1. 1966), scheint mir die von *F. Uplegger* dem Kern am nächsten zu kommen: „Die deutsche gymnasiale Bildung wird trotz allen anerkannten Eifers der Studienräte und trotz alles Zensurendruckes erst einmal so offensichtlich in Leistungszerfall geraten müssen, daß kein Leugnen mehr hilft, und man als unvermeidlich anerkennen muß, daß nur noch radikale Rückkehr zum Spielraum des eigenen jugendlichen Lerneifers (samt seinem Risiko!) die Qualität des höheren Bildungsganges und seines Zieles einer echten Studierfähigkeit wiederherstellen kann. Dann wird die Zahl wirklich qualifizierter Abiturienten steigen. Aber vermutlich nur dann." —

6 *Simone Weil:* Die Einwurzelung, München 1956, S. 75.

„Einwurzelung". Ebenfalls ein beschädigtes Wort; wer aber Näheres über die geniale französische Jüdin *Simone Weil* weiß, kommt nicht in Versuchung, hier an so etwas wie „Blut und Boden" zu denken. Der Begriff des Enracinement scheint mir für die Formatio und das genetische Unterrichtsprinzip zentral zu sein. Ich komme auf ihn zurück.

3. Kritisches Vermögen. Zu diesen beiden formativen Tugenden:
1. Problemlösende Einfälle haben (produktiv denken) können, und
2. Eingewurzelt sein, und *bleiben,* in dem Gesamt der primären Umwelt, ordne ich nun erst, mit beiden verbunden,
3. das kritische Vermögen: eine sichernde und dem produktiven Finden Schritt für Schritt nachfolgende Instanz. Darüber erst später mehr (S. 88).

Darlegendes und genetisches Lehren

In den folgenden Beispielen stelle ich dem genetischen Unterricht den vorwiegend üblichen gegenüber, den ich also *„darlegend"* nennen möchte. *„Dogmatisch",* wie man manchmal sagt, wäre nicht treffend, denn der Schüler braucht in ihm nicht rezeptiv zu bleiben und kann vom Denken Gebrauch machen. Ganz irreführend wäre es, nur ihn als *„systematisch"* zu bezeichnen, denn auch das genetische Verfahren hat immer das Ziel, Ordnung zu stiften.

Nur ist die *Entdeckung* des Systems (besser: der Systematisierbarkeit eines Gegenstandsbereiches) psychologisch und pädagogisch gesehen, etwas ganz anderes als die Kenntnisnahme (auch die verstehende), der dem Fachmann vorliegenden (nicht dem Anfänger) fertigen Strukturen: mit Hilfe von Denkwerkzeugen, die zu diesem Zweck (dem Schüler nicht erkennbaren Zweck) vorher eingeübt werden. Dieses darlegende Lehren ist vergleichbar der Führung durch eine geordnete Ausstellung der Funde einer abgeschlossenen Expedition. Dabei kann sie eine gute Führung sein, indem sie den Geführten zu Worte kommen, fragen und verstehen läßt, und ihm sogar Aufgaben stellt, die ihm kleinere Schritte selbsttätig zu tun erlauben.

Für das genetische Verfahren folge nun als

1. Beispiel: Erdgeschichte

Wie wird ein *darlegender* Lehrgang für dieses Thema gebaut sein? Er wird von „außen" heranführen an das schon geklärte, fertige, dem Lehrer in Raum und Zeit transparente Erdbild. Er wird vielleicht zuerst, wie von weither kommend, die Kugelgestalt ins Auge fassen, etwas vorausschicken über die mutmaßliche Entstehung des Erdballs, um dann die einzelnen Teile seiner Schale, geordnet nach Aggregatszuständen, vorzunehmen: Gesteinshülle, Gewässer, Atmosphäre.

Ein *genetischer* Lehrgang nun wird etwa dieselben Tatsachen und Theorien — nicht „bringen", sondern — entdecken lassen. Er meint die eigentliche, die *lebende,* nicht die ihre Funde sichernde und zur Nutzung übersichtlich *verwaltende* Wissenschaft. Er verläßt sich darauf, *„daß uns die Betrachtung der Natur zum Denken auffordert"*[7].

Er braucht dazu, am Anfang, eine weittragende Frage, die sich dem unbefangenen, aber wachen Menschen aufdrängt aus der ruhigen, von Vorkenntnissen nicht geleiteten und auch nicht belasteten, Betrachtung der originalen Sache selbst. Das ist hier die Landschaft. Und zwar in ihrer Veränderung. — Während der darlegende Lehrgang dazu neigen wird, zuletzt erst auf die Veränderungen durch die a) „exogenen", b) „endogenen Kräfte" zu kommen, und dann erst auf die Vergangenheit der Erde, wird der genetisch vorgehende sich sofort von den zeitlichen Fragen in Bewegung setzen lassen, weil sie uns ungerufen bedrängen und beunruhigen. Denn sie rühren an unsere eigene Vergänglichkeit.

Der Lehrer hat die Aufgabe, solche Fragen in einer Schülergruppe

7 *Goethe* am 12. Mai 1801 an *Steffens.* (Zitiert nach *A. Flitner:* Goethe an Wilhelm von Humboldt, in: Goethe, Jahrbuch der Goethe-Gesellschaft, Weimar, 1965.)

virulent zu machen, ohne sie auszusprechen. In unserem Fall gibt es wohl viele Möglichkeiten. Ich berichte über eine, an Sekundanern erprobte; jungen Leuten also, die schon viel draußen herumgelaufen sind.

Bei uns überwiegen die einebnenden, die „exogenen" Kräfte. Ohne etwas zu sagen, und ohne Eile, zeigte ich Lichtbilder in großer Zahl, auf denen zu sehen waren: Geröllhalden, Felsstürze, Lawinen, Gletscher, Moränen, Flußtäler, Wasserfälle, Brandungsküsten, Deltas und so fort; und zwar durcheinander. Die Schüler konnten dazu sagen, was ihnen einfiel, auch Fragen stellen; die ich aber nicht beantwortete.

Nach einiger Zeit konvergierten diese Fragen auf eine, umfassende, alle Bilder betreffende, eine Frage, die nicht in die Vergangenheit, die in die Zukunft blickt, nämlich: „Wie soll das enden? Alles geht zu Tal. Wird eine Zeit ohne Berge kommen?" (Diese Vision ist ebenso beunruhigend wie die des sogenannten Wärmetodes.) Sie liegt offenbar nahe: in einem Kreis von nur etwa fünfzehn Studenten wurden allein zwei Fälle von Kindern berichtet, die sich dazu ihre eigenen — geheimen — Gedanken gemacht hatten.

„Exposition"

Dies als Beispiel für die Möglichkeit, das vom Lehrer zuvor gewählte, aber nicht ausgesprochene Thema *zünden* zu lassen: die erste Phase eines streng sokratischen Verfahrens. Der Hebammenkunst muß die Sorge um die *Empfängnis* vorausgehen. Es nützt nichts, den Holzstoß zu schüren, bevor er sich entzündet hat.

Der Lehrer spricht also die Frage nicht aus, aber er sorgt dafür, daß sie „sich aufwirft", wie unsere Sprache so genau sagt; „sich erhebt", „sich auftut". Die *Sache* muß reden!

Es ist klar, daß der Lehrer dabei etwas *tut*. Nur wird seine Führung den Ehrgeiz haben, minimal zu sein. Sie besteht in unserem Beispiel nur in der *Exposition* ausgewählter alltäglicher Erscheinungen. Die Expositionszeit muß hier lang sein. Drängen des Lehrers zerstört alle Denk-Triebe sofort. Hier muß sie sogar besonders lang sein, denn das Exponierte verlangt ja solche Schüler, die „weiter denken", die extrapolieren, in die Zukunft hinein, Nach-denkliche. Dann erst bedrängt sie etwas.

Bei anderen Themen kann diese Zündung viel schneller gehen: Wenn beim *Spülen* das unter Wasser gefüllte Glas, mit der Öffnung nach unten angehoben, oben schon herausragt, dann fließt das Wasser nicht aus, es bleibt hängen. Das ist, sagt *Pascal*, „étrange", seltsam, befremdend: eine mögliche „Zündung" des Kapitels „Luftdruck". *Genetisch* entfaltet müßte es allerdings „Saugphänomene" überschrieben werden und bei der Einsicht *enden*, daß wir „leben", sagt *Torricelli*, „untergetaucht auf dem Grunde eines Meeres von elementarer Luft". Ich kann diesen Lehrgang hier nicht verfolgen; er braucht viele Wochen. — Es kann auch (ein anderes Beispiel) als auslösender Faktor, als Impetus, eine Betroffenheit stehen gegenüber einer seltenen *Vollkommenheit:* Der Radius des *Kreises* läßt sich, wie es scheint, genau sechsmal außen herumspannen. Ohne Vorkenntnisse betrachtet, eine schöne Einladung zu einem genetischen Lehrgang in die ebene Geometrie hinein (Siehe S. 105). Auch diese Zündung dauert nicht sehr lange. — Langsam wieder, dagegen, schwelt die Unruhe, bis man oft genug probiert hat, welcher Bruch denn nun *genau* 2 gibt, wenn man ihn mit sich selber multipliziert. — Allen diesen Beispielen von Zündung oder Empfängnis ist gemeinsam, wie in der lebenden Wissenschaft, eine Betroffenheit, eine Beunruhigung durch Ungewohntes, Absonderliches, Unstimmiges und der Wunsch, es einzuordnen. Diesen Drang haben alle gesunden Kinder.

Erdgeschichte, Fortsetzung

Zurück zum geologischen Thema. Die Staunensfrage war hier: „Wie soll das enden?" Nehmen wir an, sie habe „sich gestellt". (Das abzuwarten fällt uns schwer, weil unsere Lehrerbildung nicht Geduld lehren darf, sondern „Tempo" lehren muß infolge einer hilflos veralteten Unterrichtsorganisation: Kurzstunden in wirrem Wechsel). Ist es gelungen, so entsteht, von der Sache ausgehend, nicht vom Lehrer, ein Sog, der gewisse Teile des „Lehrstoffes" ansaugt und entdeckt. Es entwickelt sich eine Kette von Einfällen, Nachprüfungen, neuen Fragen, und so fort. Sie entwickelt sich erfahrungsgemäß dann am zuverlässigsten (und damit komme ich auf die drei anfangs genannten formativen Tugenden zurück), wenn die ursprüngliche Frage *eingewurzelt* war; wenn wir die Geduld haben, auf die *produktiven* Einfälle zu warten; und wenn wir auf ihrer *kritischen* Prüfung bestehen.

In unserem Fall wird zunächst quantitatives Material verlangt und gesucht. Etwa: Der Niagarafall schreitet jährlich 1,5 m zurück, das Nildelta 4 m voran. Der Bodensee wird in 15 000 Jahren verlandet sein; es sei denn, wir verhindern es. Die U-förmigen Täler, die schwedischen Felsblöcke in Sachsen, die Bändertone und anderes induzieren die kühne Hypothese einer vergangenen „Eiszeit"; im Anfang des 19. Jahrhunderts noch heftig umstritten. Dabei wird ein Schritt in die Vergangenheit möglich: Der Niagarafall nagt schon 30 000 Jahre seit dem Rückgang des Eises[8].

Im ganzen verstärkt sich der Eindruck der fortschreitenden Einebnung und Versumpfung der Landschaft. Von selbst kommt die Gegenfrage: Gibt es keine *Gegenkräfte*? Woher sind die Berge gekommen? Sind sie etwa alle nur Erosionsinseln?

An dieser Stelle erscheint nun zuerst immer derselbe und naheliegende Einfall: die *Vulkane* müßten es gewesen sein, die die Berge aufwarfen. Damit ist es sachlich motiviert (nicht weil es jetzt im Lehrplan steht), unter diesem Gesichtspunkt Verbreitung und Bau der Vulkane aus der Literatur und aus vielen Bildern zu studieren, auch ihre Gesteine und die erloschenen Vulkane. Ergebnis: Nein, sie sind Begleiterscheinungen, nicht die letzte Ursache.

Gibt es also vielleicht noch andere Kräfte in den Gebirgen? Man muß hineinsehen. Man besucht Steinbrüche, man fährt, wenn man kann, durch die Alpen oder man sieht Fotografien. Das entblößte Innere zeigt tatsächlich Spuren, wie es scheint gewaltsamer, doch

---

8 Erstaunliche Entdeckungen ergeben sich nebenbei. Der Naive denkt: die großen Täler sind eben da, und die Flüsse benutzen sie, um abzulaufen. Bei genauem Zusehen ergibt sich aber, daß nicht nur enge Schluchten sondern auch viele weite Täler von den Flüssen gemacht sind. Diese Einsichten hängen schon mit den langsamen Bodenbewegungen zusammen.

nicht vulkanischer Erhebungen: Schichten sind da, meist Meeresablagerungen, waagerechte, aber auch gekippte, ja hoch gestellte und überkippte und sogar gefaltete. (Kann man Steine denn falten? Waren sie damals warm?) Schließlich noch: Brüche, Verwerfungen, und oft alles ineinander gemischt: Abradierte Falten etwa, Schichten darüber, und das Ganze in Verwerfungen zerbrochen.

Ist es ein Wunder, daß angesichts solcher Bilder mit ziemlicher Sicherheit der Ruf laut wird: „Das müssen tolle Zeiten gewesen sein!" Er entspricht der Theorie von *Cuvier* (1832 gestorben), die denn auch bei den Schülern volle Zustimmung findet. *Cuvier* schreibt angesichts der Hochgebirge:

„Schon aus großer Entfernung erkennt das Auge an der Auszackung ihrer Kämme und an den steilen Gipfeln ... die Anzeichen ihrer gewaltsamen Erhebung ... Die Zerreißungen, Biegungen und Kippungen, welche die ältesten Schichten aufweisen, lassen keinen Zweifel darüber, daß plötzlich und heftig wirkende Ursachen am Werk waren.": „Katastrophen".[9]

Wie bildend ist es, naturwissenschaftlich formierend, wenn man diesen „Schluß" auf „plötzliche" Ursachen mitmacht, um dann Tatsachen zu erfahren, die bewirkten, daß man schon 40 Jahre nach *Cuvier* anders dachte!:

Auf der Suche nach plötzlichen Katastrophen wird man zuerst die *Erdbeben* studieren, ihre Heftigkeit und Häufigkeit, andererseits aber wird der Lehrer, schweigend wieder, Bilder zeigen und Dokumente über sanfte aber unablässige Hebungen oder Senkungen, wie das Aufsteigen der norwegischen und das Sinken der deutschen Nordseeküste.

Dazu kam, und kommt, nun etwas ganz anderes (hier wird ein Biologe helfen müssen): erst die *Versteinerungen* ermöglichen die Altersordnung der vielfach zerrissenen Sedimente und erhellen damit ungeheure Abgründe an Zeit, die nötig gewesen sein müssen, um Meeresablagerungen von 10 000 m Mächtigkeit anzuhäufen. — Moderne radioaktive Methoden können sie schnell bestätigen.

---

9 Zitiert nach *F. Dannemann:* Aus der Werkstatt großer Forscher. Leipzig 1922, S. 279.

So verliert die Katastrophentheorie an Boden zugunsten des „Aktualismus" von *Charles Lyell* (gestorben 1875): Es ist nicht nötig, in der Vergangenheit andere Kräfte anzunehmen als die, welche wir heute bemerken oder auch wegen ihrer Sanftheit übersehen. *Lyell* erkennt,

„daß frühere Geologen auf Jahrtausende schlossen, wo die Sprache der Natur auf Jahrmillionen hindeutet, ... Der Forscher gelangt zu der Überzeugung, daß die wirkenden Ursachen immer dieselben bleiben."[10]

Mit anderen Worten: Wir leben auf einer „ruhelosen Erde"[11]. Alpen und Himalaya wachsen noch heute. Keine Angst vor Einebnung. Dafür eine andere:

Anwesenheit der Wirklichkeit

Mit das Wichtigste für die Formatio, die Bildung, ist hier das Verständnis der wahrhaft entsetzlichen Zeiträume, die sich aufgetan haben.[12] Man kann auch schnell und doch exakt, mit Hilfe *nur* der radioaktiven Methode, von ihrer Richtigkeit überzeugen. Auf solche Art schnell, raffiniert und nicht genetisch gewonnenen Kenntnissen fehlt aber etwas in uns, das mit naturwissenschaftlichen Begriffen nicht faßbar ist, eben die Einwurzelung in die ursprüngliche Welt, und das kontinuierliche, selbsttätige, möglichst produktive Gewinnen der an sich so unglaubhaften Einsicht. Die Wirklichkeit der Erde ist sonst in der Schule nicht mehr anwesend. (Auf entsprechende Wirklichkeitsverluste im Geschichts- und Deutschunterricht hat *Horst Rumpf* eindringlich hingewiesen[13].

---

10 *Dannemann*, a.a.O., S. 283, 282.
11 *R. Gheyselink*: Die ruhelose Erde, Berlin 1951.
12 Ahnt das Märchen diese Zeiträume?: „Nun bin ich so alt wie der Westerwald" sagt der Wechselbalg in Grimms Märchen von den „Wichtelmännern". (Kinder- und Hausmärchen, Große Ausgabe, 6. Aufl., Göttingen, 1850, Bd. I, S. 240).
13 *Horst Rumpf*: Häufen oder Aufspüren? In: Geschichte in Wissenschaft und Unterricht, 2/1962, S. 86 ff. — Ders.: Muß der naturwissenschaftliche Unterricht so sein?, in: Neue Sammlung, 6/1962, S. 491 ff. — Ders.: Das Fach, das Sprache und Dichtung erledigt, in: Neue

Vielleicht kann sie es nicht mehr überall sein; um so mehr muß sie es bei fundamentalen Einsichten. Und gerade die Erdgeschichte sollte wohl immer genetisch gelehrt werden. Denn auch die biologische Evolutionstheorie kann nur Wirklichkeitscharakter gewinnen, wenn die geologischen Zeiträume nicht nur Information an uns, sondern Ereignis in uns geworden sind.

„Wir lernen mit Zeiten rechnen, die unsere Vorstellungskraft nicht mehr mit dem Gehalt des Erlebens erfüllen kann, mit Zeiträumen, deren Bewältigung die Kräfte der Abstraktion beansprucht. Da und dort wird die Gefahr erkannt, die in diesem Auseinandergehen von abstraktem Wissen und vollem Erleben sich auftut — wo sind aber in unserer Zeit die erzieherischen Versuche, dieser Gefahr zu begegnen?"[14]

Emotion und Motivation

Ich habe das Wort „entsetzliche Zeiträume" gebraucht. Dabei fällt mir ein, daß Repräsentanten gerade der exakten Wissenschaften das genetisch-exemplarische Lehren manchmal dahin mißverstehen[15], als

Sammlung, 1963, S. 441. — Diese und andere Aufsätze *Rumpfs* sind enthalten in seinem Buch: Die Misere der Höheren Schule, Berlin-Neuwied, 1966.

14 *Adolf Portmann:* Naturwissenschaft und Humanismus, Karl *Jaspers:* Wahrheit und Wissenschaft, Zwei Reden, München, 1960, S. 31.
Ich nenne zwei Darstellungen, die sich nicht auf die Angabe steriler und unvorstellbarer Zahlen beschränken, sondern die Methoden der geologischen Zeitbestimmung so genau und konkret berichten, daß den Leser ein Wirklichkeitshauch anweht aus der „bestürzenden Tiefe der Erdgeschichte" (S. 759 der zweiten Arbeit): W. *Simon:* Zeitmarken der Erde, Grund und Grenze geologischer Forschung, Braunschweig, Vieweg, 1948; und, von demselben Autor: Die Zeit in der Erdgeschichte, in: Studium Generale, 1966/12, S. 751—759. —

15 Das Mißverständnis kann verschiedene Gründe haben. Einer ist vielleicht die bisweilen noch zu hörende Forderung „Jede Unterrichtsstunde ein Erlebnis!" (Dieser Satz gewinnt seinen Sinn, wenn „Lehrgang" an Stelle von „Unterrichtsstunde" tritt.) — Ein anderer: daß bei *nachträglichen* Beschreibungen emotionale Elemente erwähnenswert sind.

gehe es mehr auf Emotionen aus als auf Wahrheit und denkerische Strenge. Ich habe fast den Eindruck, man stellt sich dabei den Lehrer als einen vor, der ab und zu ausruft: „Nun staunt mal schön!"

Allerdings steht am Anfang eines genetischen Lehrgangs eine „bewegende" Frage; hier: wie soll das enden? Bewegend im Sinne von beunruhigend, und deshalb das Denken in Bewegung setzend, motivierend. Und auch am Ende haben wir ein — wenn auch in anderem Sinne — „bewegendes" Ergebnis: jene entsetzlichen Zeiträume, von denen uns die „anwesende" Wirklichkeit der Landschaft überzeugt hat. Daß unser Heute, unsere Lebenszeit, dann so verschwindend erscheint, das bewegt uns wieder. Und kann uns nun zu einem neuen, nun philosophischen, Bedenken treiben: ob das im physikalischen Zeitmaß Verschwindende deshalb auch an Bedeutung gering sei?

Kurz: Wenn es hier, im genetischen Unterricht, Emotionen gibt, dann sind es anfangs dieselben, aus denen Wissenschaft hervorging und hervorgeht; und am Ende die, welche die Ergebnisse der Wissenschaft in uns auslösen und zum Nachdenken über eben diese Wissenschaft bewegen.

Es gibt keine wissenschaftliche Entdeckung von Format, die nicht von Emotionen begleitet ist. Es gibt keine echte Motivation ohne Emotion. Der Lehrer aber braucht nur für *sachliche* Motivation des Fragens und damit des Lernens zu sorgen.

Besonders aufklärend für die enge Verbindung zwischen sachlicher Emotion und logischem Bedürfnis erscheint mir eine Auskunft, die *Albert Einstein* in einem Brief an *Jacques Hadamard* niederschrieb, der ihm einige Fragen vorgelegt hatte.[16]

„It is also clear that the desire to arrive finally at logically connected concepts is the emotional basis of this rather vague play with the

---

So in meinen pädagogischen Aufsätzen zum Mathematikunterricht in: Der Mathematikunterricht, (Klett) 1962/4, S. 38, 66, 85 (oder in meinem Buch „Ursprüngliches Verstehen und exaktes Denken", Stuttgart, 1965, S. 110, 274, 416). — Ferner: bei *R. Kluge:* Der Kran, in seinem Buch „Erkenntniswege im Physikunterricht", Klett, Stuttgart 1970.

16 *J. Hadamard:* The psychology of invention in the mathematical field, Dover Publications, New York, 1954, S. 142.

above mentioned elements." Diese Elemente sind: ".. certain signs and more or less clear images which can be 'voluntarily' reproduced and combined". („Es ist also klar, daß der Wunsch, schließlich zu logisch verbundenen Einfällen zu kommen, die emotionale Grundlage ist dieses eher schweifenden Spiels mit den oben genannten Elementen. ... gewisse Zeichen und mehr oder weniger deutliche Bilder, die ‚beliebig' wieder zurückgerufen und kombiniert werden können.")

Mißtrauen erweckt, besonders bei Mathematikern das Wort „Erlebnis". Tatsächlich ist es, aber nur durch modische Abnutzung, nahezu unbrauchbar geworden. Es ist in die Sprache des Tourismus eingegangen. („Vom Nordkap genießen wir das unvergeßliche Erlebnis der Mitternachtsonne und kehren dann in unsere gemütlichen Quartiere zurück.") — Das ändert aber nichts daran, daß es das gibt, wofür es einmal ernsthaft gebraucht wurde: „Erlebnis ist das, wo man dabei ist" *(Hans Lipps)*. Jeder wirkliche Mathematiker, der produktiv bei seiner Sache ist, hat es, und kennt es, er redet bloß nicht darüber. Und es scheint, daß manche Mathematiker befürchten, der „Pädagoge" wolle sich nun *darüber* im Unterricht verbreiten, statt mathematisch arbeiten zu lehren. Dieser Eindruck mag daher kommen, daß Lehrer *untereinander* über die psychologische Seite der mathematischen Sache sprechen; was durchaus etwas anderes und notwendig ist[15]. Dieses Mißverständnis ist geeignet, den Kontakt zwischen Mathematikern und Pädagogen verhängnisvoll zu stören. So bin ich überzeugt, daß die Tendenz des Buches von *Wittenberg* (Fußn. 31), der das Wort Erlebnis mehrfach gebraucht (etwa S. 46 f., 50, 59, 61..), verkannt wird, wenn man für möglich hält, es könne vorkommen, „daß ein Schüler nach pädagogischen und psychologischen Maßstäben ein starkes Erlebnis der Mathematik hat, aber in logischem Denken und Finden schwach ist.."[17] Hierauf würde Wittenberg wohl erwidert haben, daß ein Erleben des Mathematischen ohne eigenes und gelingendes Finden und logisches Denken unmöglich ist und eben dann und nur dann sich ergibt, wenn dieses Finden spontan, produktiv, motiviert, kurz: genetisch gelehrt

17 *H. Behnke:* Die Auswirkung der Forschung auf den Unterricht, in: Math. Phys. Semesterberichte, Bd. XIII, Heft 1 (1966), S. 10.)

wird. Das mathematische „Erlebnis" ist von der produktiven mathematischen „Leistung" unabtrennbar, es ist nichts anderes als seine Innenseite. Natürlich wird diese Leistung in der Schule, fachlich gesehen, schlicht sein; denn Schule ist kein Fachstudium sondern die Basis aller Fachstudien und damit auch die des mathematischen Studiums.

2. Beispiel: Erdrotation

Ein zweites, ein physikalisches, Beispiel möge zeigen: daß die Anwesenheit der primären Wirklichkeit nicht schon dadurch garantiert ist, daß wir experimentell und gründlich, aber nur darlegend vorgehen.

Dreht sich die Erde? Wer den „Foucault'schen Pendelversuch" gesehen und verstanden hat, ist gezwungen, es zuzugeben. (Nicht einmal ohne Emotion: Der Versuch wirkt, wie mir ein Philosophieprofessor sagte, der ihn gesehen hatte, „haarsträubend". Mit Recht. Ganz ähnlich wie das einträchtige Niederfallen von Münze und Flaumfeder im leeren Raum.) — Wenn es aber bei der unmotivierten Behauptung „Die Erde rotiert" und ihrer Verifikation durch diesen Versuch bleibt (in der Erinnerung vieler Erwachsener ist es so), so ist das, fürchte ich, die falsche Emotion, nämlich ein Staunen-ex-machina, das Staunen vor dem Kunststück. Die Physik kommt dabei in den Ruf der Zauberkunst, den sie nach ihrer ganzen Vergangenheit am wenigsten auf sich sitzen lassen darf[18]. Davon abgesehen ist der Versuch allerdings „zwingend".

Trotzdem dürfen wir Lehrer mit diesem Stand der Klärung nicht zufrieden sein, denn der Schüler ist es nicht mit uns. Wenn er nämlich ein gesunder und einigermaßen selbständiger Kopf ist, so nagt an ihm immer noch — nicht ein Zweifel, aber — eine berechtigte Unzufriedenheit, (die wir, soweit ich sehe, in der Schule nur selten beheben). Er fragt sich: *Foucault* wäre offenbar nie auf seine Versuchsanordnung gekommen, wenn er nicht schon vorher vermutet

---

18 Als ich zur Schule ging, hieß der Raum, der die physikalischen Apparate aufbewahrte, noch das „physikalische Kabinett".

hätte, daß die Erde sich drehe. Wie war er denn auf diese, doch zunächst absurde, Idee verfallen? — Wir können ihm dann sagen: er hatte sie von *Kopernikus;* der hatte sie von *Cicero,* und *Cicero* hatte sie von *Aristarch.* — Ja? Und wie kam *Aristarch* darauf?, fragt er nun.

Genesis ist nicht Geschichte

Hier treibt ihn nun nicht etwa ein primär geschichtliches Interesse, sondern sein gesundes Zögern, den Physiker, heiße er nun *Foucault* oder *Aristarch,* für eine Art Zauberer zu halten, der eine auf keine Erfahrung gegründete Eingebung hat, die er dann nachträglich auf raffinierte Weise verifiziert. Der Schüler, der uns so in die Antike zurückdrängt, fragt also gar nicht historisch, sondern genetisch. Dieser Unterschied muß betont werden. „Nicht um die Geschichte handelt es sich", schreibt *Otto Toeplitz* zu seiner genetischen Darstellung der Infinitesimalrechnung[19], „sondern um die Genesis. Unerschöpflich", fährt er fort, „kann man so aus der Historie für die didaktische Methode lernen"[20].

Die Geschichte seiner Wissenschaft ist für den Fachlehrer kein „durchzunehmender Stoff" sondern ein Verjüngungs-Elixier. Sie hilft ihm, die Fragen seiner Schüler zu Wort kommen zu lassen und so ernst zu nehmen wie sie gemeint sind, und wie sie auch wirklich sind: Fragen, deren Anklopfen er sonst, in seiner frontal-wissenschaftlichen Rüstung zu Unrecht und zum Unglück nicht mehr spürt. So versteht schon der Abiturient, erst recht der Physik-Student und der junge Physik-Lehrer, das Beharrungsgesetz bestenfalls als ein nachträglich bewährtes Prinzip (was ja nicht falsch ist); er versteht es, im Sinne von *Tricker* (Fußnote 35), nur „backwards". Vom Vorwärts-Verstehen, von den Schwierigkeiten der *Erschließung* dieses Gesetzes kann er meistens nicht einmal ahnen, daß es sie gibt. Er

---

19 *Otto Toeplitz:* Die Entwicklung der Infinitesimalrechnung, Bd. I, Berlin 1949.
20 Jahresberichte der deutschen Mathematiker-Vereinigung Bd. 36 (1927) S. 88 ff.

sieht nicht mehr Fragen wie diese: Wodurch wird die angeblich rotierende Erde in anhaltender Bewegung gehalten? Oder, sobald dann die Beharrung der Geschwindigkeit als Eigenschaft der Materie selbst erkannt ist: Was (oder Wer) hat sie einstmals in Bewegung gesetzt? Die Kurzstunde nimmt aber dem Lehrer die Möglichkeit, solche Bedenken überhaupt aufkommen zu lassen. Dieses Beispiel macht vielleicht deutlich, wie die beiden Gifte, die Erfolg und Leben des Unterrichts herabsetzen (nämlich das ausschließlich frontal gerichtete und dadurch entpädagogisierende wissenschaftliche Fachstudium und die durch den planlosen Kurzstundenwechsel bedingte „administrative Verstörung" (*H. Rumpf*[21]), einander gegenseitig verstärken. Findet der Lehrer aber noch die Zeit, zu solchen Fragen gewisse Überlegungen *Galileis*[22] oder *Keplers*[23] zu studieren, so kann in ihm die genetische Transformation noch eingeleitet werden. Dieser unrationelle Umweg wäre vermeidbar, wenn der Physikunterricht der Schulen und das Physikstudium künftiger Lehrer den genetischen Gesichtspunkt einbezöge[24].

Fortsetzung des zweiten Beispiels

In unserem Fall ist also die Frage des Jugendlichen die: Wie konnte man, nicht nur damals, wie kann man heute, zu jeder Zeit, und wie kann jeder, wie kann auch ich, auf eine so unwahrscheinliche Idee überhaupt kommen? „Wie kommt es"? Muß nicht die primäre Wirk-

---

21 *H. Rumpf:* Die administrative Verstörung der Schule, Neue pädagogische Bemühungen, Bd. 30, Verlag Neue Deutsche Schule, Essen, 1966.
22 *Galilei,* a.a.O. (siehe Fußnote 29) in der Auswahl aus dem „Dialog über die Weltsysteme", etwa S. 160 f., 162 u.a.
23 *Kepler:* Etwa auf S. 70 und 86 in „Nikolaus Kopernikus, Erster Entwurf seines Weltbildes (sowie eine Auseinandersetzung Johannes Keplers mit Aristoteles über die Bewegung der Erde)", Hrsg. v. *F. Roßmann,* Neudruck der Wissenschaftlichen Buchgesellschaft, Darmstadt, 1966 (Bestell-Nr. 3336).
24 Näheres auf S. 8, 12 f., 16 meines Beitrages „Die Erfahrung des Erdballs". Siehe Fußnote 30.

lichkeit des Himmels irgendwie zu *Aristarch* „gesprochen" haben? Muß sie also nicht auch zu uns sprechen, uns zum Denken einladen? Zweifellos. Es ist wohl kein Zufall, daß derselbe *Aristarch,* oder einer seiner Vorgänger, den produktiven Einfall hatte (auf dessen Genialität *Polya*[25] ausdrücklich hinweist), Mondsichel und Sonne als

---

25 Das ist ein weiteres Beispiel für „Exposition" (S. 6). Es verlangt besonders viel Zeit. Aber schnell blitzt dann, wenn sie kommt, die Erkenntnis auf. Der Lehrer wird *auffordern* müssen, den Mond *im Hinblick auf* die Sonne zu sehen. Die meisten Erwachsenen sehen auch heute nicht, was hier zu sehen ist, da die Schulen es meist nur auf dem Papier „erklären". Was *George Polya* über das Geniale dieser Einsicht sagt, ist so wichtig, daß es hier folgen möge: *(G. Polya:* Schule des Denkens; Vom Lösen mathematischer Probleme (How to solve it), Sammlung Dalp, Bern 1949, S. 113 ff.): „Glänzende Idee oder ‚gute Idee' oder ‚es geht einem ein Licht auf' sind Ausdrücke der Umgangssprache, die einen plötzlichen Vorstoß auf die Lösung hin beschreiben; Der Einfall einer glänzenden Idee ist eine Erfahrung, mit der jedermann vertraut ist, die aber schwer zu beschreiben ist, und so mag es interessant sein zu hören, daß eine sehr inhaltvolle Beschreibung davon gelegentlich durch eine Autorität vom Range eines Aristoteles gegeben worden ist.

Die meisten Menschen werden zustimmen, daß der Einfall einer glänzenden Idee ein ‚Akt von Scharfsinn' ist. Aristoteles definiert ‚Scharfsinn' wie folgt: ‚Scharfsinn ist ein Treffen und Erraten des wesentlichen Zusammenhanges in einer unschätzbar kurzen Zeit. Wie z. B., wenn jemand, der irgendwen mit einem reichen Manne sprechen sieht, sofort errät, daß er sich Geld borgen will. Oder wenn jemand, der beobachtet, daß die leuchtende Seite des Mondes immer der Sonne zugekehrt ist, plötzlich bemerkt, warum das der Fall ist; nämlich, weil der Mond sein Licht von der Sonne empfängt.'

Das erste Beispiel ist nicht schlecht, aber ziemlich trivial; es braucht nicht viel Scharfsinn, um Dinge vom Zusammenhang wie reicher Mann und Geld zu erraten, und die Idee ist nicht sehr glänzend. Das zweite Beispiel jedoch ist ganz eindrucksvoll, wenn wir unsere Einbildungskraft ein wenig anstrengen, um es in seiner eigenen Fassung zu sehen.

Wir müssen uns vergegenwärtigen, daß ein Zeitgenosse von Aristoteles die Sonne und die Sterne beobachten mußte, wenn er die Zeit wissen wollte, denn es gab keine Armbanduhren, und daß er die Phasen des Mondes beobachten mußte, wenn er eine Reise bei Nacht vorhatte, da es keine Straßenbeleuchtung gab. Er war mit dem Himmel weit besser bekannt als der moderne Großstadtbewohner, und seine natürliche In-

eine „Gestalt" anzuschauen[26] und so dem Halbmond anmerkte, im Hinblick auf die Sonne, daß er uns sehr viel näher sein müsse[27] als sie. Und doch streben die beiden am Abend (fast) *gleich* schnell dem Horizont zu?! Ein Motiv für den Verdacht, daß *wir* uns drehen.

Ein genetischer Unterricht könnte also diese zum Horizont herabsinkende Mond-Sonne-Konstellation, möglichst am Himmel, den Schülern exponieren. Daran entzünden sich dann Fragen, die zunächst zum Abstandsverhältnis von Mond und Sonne, und dann eben zu der Vermutung führen, daß vielleicht die Erde, nicht der Himmel, umlaufe.

Dabei ist es nicht nötig, die scholastischen Denkweisen zu berühren: Genesis ist nicht Geschichte.

(Was in diesen fünf Zeilen dem Lehrer anzudeuten genügt, verlangt in der Schule monatelange Beobachtung der Mond-Sonne-Konstellation — wenn auch nur alle paar Tage für einige Minuten — und danach mehrere Stunden intensiver Unterrichts-Arbeit.)

---

telligenz war noch nicht durch unverdaute Fragmente journalistischer Darstellungen von astronomischen Theorien getrübt. Er sah den Vollmond wie eine flache Scheibe, ähnlich der Sonnenscheibe, aber weit weniger leuchtend. Er muß sich über den unaufhörlichen Wechsel in Gestalt und Stellung des Mondes gewundert haben. Er beobachtete den Mond gelegentlich auch bei Tage, bei Sonnenaufgang oder -untergang, und fand heraus, daß ‚die leuchtende Seite des Mondes immer der Sonne zugekehrt ist', was an sich eine beachtliche Feststellung war. Und nun nimmt er wahr, daß das verschiedenartige Aussehen des Mondes gleich dem verschiedenartigen Aussehen einer Kugel ist, die von einer Seite beleuchtet wird, so daß die eine Hälfte leuchtend ist und die andere Hälfte dunkel. Er stellt sich die Sonne und den Mond nicht mehr als flache Scheiben, sondern als runde Körper vor, von denen der eine das Licht gibt und der andere es empfängt. Er erfaßt den wesentlichen Zusammenhang, er gruppiert seine früheren Vorstellungen um ‚in einer unschätzbar kurzen Zeit': es ist ein plötzlicher Sprung der Vorstellungskraft, eine glänzende Idee, ein Geistesblitz."

26 Ähnlich wie in *Max Wertheimers* Darstellung (a.a.O. Kap. I) Kinder entdecken, daß sich die beiden Enden eines Parallelogramms zusammenbiegen lassen, um ein Rechteck aus ihm zu machen.

27 18 bis 20 mal ergab seine grobe Messung. Wir messen heute: 389 mal. Für den im Folgenden skizzierten Lehrgang genügt es zu *sehen: viel* weiter.

Sofort erhebt sich aber nun der *Einwand,* der auch der von *Tycho Brahe*[28] ist: daß dann fallende Körper nicht annähernd senkrecht auf die Erde niedergehen dürften. Es werden also Überlegungen und Experimente nötig über das Ausmaß, in welchem Körper in ihrer Bewegung verharren. Wir haben ja Schnellzug-Erfahrungen.

Gegen alle anfängliche Erwartung einer Westabweichung wird dann die entgegengesetzte denkmöglich! Die Experimente zur *„Ostabweichung",* wenn auch nur berichtet[29] (aber genau), wirken, da man von selbst auf sie kommt, überzeugender als der, dann entbehrliche Pendelversuch. Sie sprechen für ein *lang*anhaltendes Beharrungs-Streben und für eine Erdrotation zugleich. — Der ganze Lehrgang ist eine Angelegenheit von Wochen, ich kann ihn hier nur andeuten[30]. Überhaupt wird das genetische Verfahren eine Tendenz haben, *lange* Lehrgänge zu eröffnen, bei denen es geht, wie *Wittenberg*[31] sagt, um die „Wiederentdeckung einer Wissenschaft von Anfang an" an der Hand eines herausfordernden und aufschließenden Problems, das uns die unpräparierte Wirklichkeit aufgibt.

Produktive Verwirrung

Wie aber, kann man einwenden, soll in unserem Beispiel die Zün-

---

28 „Wie ist es möglich, daß eine Bleikugel, von einem sehr hohen Turm in richtiger Weise fallen gelassen, aufs genaueste den lotrecht darunter gelegenen Punkt der Erde trifft?" (1956). (Zitiert nach H. *Blumenberg:* Das Fernrohr und die Ohnmacht der Wahrheit, Einleitung in: Galileo *Galilei,* Sidereus Nuncius, Sammlung Insel Band I, Frankfurt, 1965, S. 33.) — Dort auch Teile der „Beiden Weltsysteme" insbes. S. 168—182.

29 Vgl. W. *Brunner:* Dreht sich die Erde?, Leipzig 1915. — Ferner: W. *Trittelvitz:* Fallversuche zum Nachweis der Erddrehung, in: Praxis der Naturwiss., 11/1965, S. 298 ff.

30 Einzelheiten über einen solchen Lehrgang finden sich in meinen Schriften: Die Erde unter den Sternen, 3. Aufl. Weinheim 1965. — Die Erfahrung des Erdballs, in: Ursprüngliches Verstehen und exaktes Denken, Bd. II, Klett, Stuttgart, 1970, S. 25—57, auch Bd. I, S. 521 f. — Die pädagogische Dimension der Physik, Braunschweig, 3. Aufl. 1971, S. 272 f.

31 *A. I. Wittenberg,* Bildung und Mathematik, Stuttgart, 1963, S. 67 ff.

dung, die Empfängnis, vor sich gehen, wenn das Kind schon „weiß",
vielleicht sogar aus einem Bericht über den Pendelversuch gehört hat,
daß die Erde rotiert? In diesem heute kaum vermeidlichen Fall be-
währt sich der Frontalangriff auf das Scheinwissen (aber ohne Iro-
nie!) „Wie, ihr glaubt das, wo doch kein ständiger Ostwind weht,
und die Äpfel nicht, wie sie dann doch müßten, in des übernächsten
westlichen Nachbars Garten schwirren!" Man kann ihnen *Tycho*
vorlesen. Mehr Studenten, als zu hoffen wäre, sind gegen diesen
Einwand wehrlos. — Es setzt dann ebenfalls ein Staunen ein, ein
echt sokratisches: darüber, daß man zu wissen meint, was man nicht
weiß.

Ein genetischer Lehrgang wird also auch insofern im sokratischen
Gespräch seinen Weg suchen, als ihm Verwirrungen nur recht sein
können. Der Lehrer wird sie sogar begünstigen.

Galilei verstand sich darauf: Bericht des Monsignore Querenchi vom
30. Dezember 1615[32] aus Rom: „Wir haben hier den Galileo...,
und was mir außerordentlich an ihm gefiel, war, daß, bevor er auf
die gegnerischen Argumente antwortete, er dieselben weiter ausführ-
te und durch neue Begründungen ihnen höchste Wahrscheinlichkeit
verlieh .." Freilich hört Galilei auf, für uns Lehrer Vorbild zu sein,
wenn es weiter heißt: „.. um dann durch ihre Widerlegung die
Gegner nur noch lächerlicher erscheinen zu lassen." Denn *wir* haben
ja nicht mit „Gegnern" zu tun. Ebensowenig dürfen wir uns wie
Salviati vorkommen, den Galilei einmal selbstgefällig sagen läßt:[33]
„Ich verstehe aber das Handwerk, mit Gehirnen umzugehen, so
meisterlich, daß ich Euch gewaltsam ein Geständnis entreißen werde." (Der arme Simplicio ist gemeint.) Wir haben so wenig zu entreißen, wie wir einzufüllen haben. Wir stehen auf derselben Seite
mit unseren Schülern, der Sache gegenüber, so daß sie das Recht,
ja die Pflicht, zu verwirren, uns zugestehen; (wie übrigens wir dasselbe Recht ihnen. Eine gewisse (wenn auch nicht unbegrenzte) Ver-
wirrbarkeit halte ich für eine positive Eigenschaft sogar des Lehrers:
sie fördert die Verständigung. Ich fürchte, daß ein Lehrer, der gar-

---

32 Zitiert nach G. *Szczesny:* Das Leben des Galilei und der Fall Bertold
   Brecht, Ullstein-Buch 3905 (DW 5), S. 25.
33 In den „beiden Weltsystemen" a.a.O. (Fußnote 28) S. 11.

nicht verwirrbar ist (und das in seinem Fach), nicht der beste sein wird.

Darlegender Unterricht scheut nichts so sehr wie Zweifel und Irrtum. Damit verzichtet er aber nicht nur auf die produktive Spannung, er erreicht auch nicht jene Sicherheit, die gegen alle Verwirrungen gefeit ist, weil sie überstanden sind. In der lebenden Wissenschaft geht es ja auch nicht anders zu.

Zum *Kontrast* nenne ich ein extrem *nicht*-genetisches Beispiel: Herleitung der periodischen Eigenschaften der chemischen Elemente aus dem verfrüht und dogmatisch dargebotenen, physikalisch noch nicht fundierten, Atommodell[34]. Der englische Physik-Didaktiker *Tricker* nennt das ein „backwards-“, ein hinterdrein-Verfahren[35].

Im Kleinen äußert sich das Gegenteil des hier Empfohlenen in der hier und dort noch kursierenden allgemeinen Regel, es dürfe im Unterricht nichts Falsches gesagt oder gar an die Tafel geschrieben werden. (Es könnte sich einprägen..) Diese fast fotografische Auffassung des Lehrens als eines Einprägens, Belichtens hat ihren ernsten Sinn bei der Erziehung des kleinen Kindes (etwa, damit es sich kein Fluchen angewöhne), wo so viel auf Nachahmung ankommt; in der Schule vielleicht bei der Rechtschreibung. Aber niemals für Gegenstände, die *verstanden* werden wollen und können im allein rationalen Sinn. Im Gegenteil: hier sollte das naheliegende und verwirrende Falsche aufs Schärfste ins Auge gefaßt werden und deshalb möglichst an der Tafel stehen.

---

34 Etwas anders liegen die Dinge, wenn man den natürlichen und den Erdmagnetismus erst nach dem Elektromagnetismus bringt. Man geht dann zwar überall folgerichtig von der Erfahrung aus. Doch ist auch ein solcher Lehrgang nicht genetisch. Er umgeht geflissentlich einen Komplex, der anziehender und zugänglicher als der elektrische ist. Lebende Wissenschaft fängt aber immer dort an, wo Zugänge sich *leicht* öffnen. Daß sie sich dann trotzdem als Sackgassen erweisen können, auch das gehört zu den Realitäten wissenschaftlichen Vorgehens. Auch hier gehen wir also „backwards“ vor, hinterrücks, wenn wir den Elektromagnetismus vorweg nehmen. Wir spielen übermäßig Vorsehung.

35 *R. A. R. Tricker:* Einige Gedanken zum naturwissenschaftlichen Unterricht, in: Der mathematische und naturwissenschaftliche Unterricht, 1965/66, Heft 5/6, S. 152 ff. — Ders.: The Sceptical Physicist, in: Neue Sammlung, 1966, Heft 3, S. 304.

Genetisches und induktives Verfahren

Es liegt nahe zu fragen: Darf man das genetische Verfahren mit dem induktiven gleichsetzen und entgegnen, daß doch auch Forschung nicht selten deduktiv vorgehe? Mir scheint, daß die lebende Wissenschaft immer nur aus einer solchen Ordnung oder Theorie deduziert, die vorher auf induktivem Wege vermutet worden ist. Das ist aber etwas anderes als ein Unterricht, der vorgreifend aus Prinzipien deduziert, die — vom Schüler aus gesehen (und auf ihn kommt es an) — wie aus dem heiteren Himmel des Lehrers in die Schulstube einschlagen, um sich erst nachträglich zu verifizieren. Positiv gesagt: Auch Deduktion kann genetisch gelehrt werden, indem aus einem schon vorliegenden Material[36] induktiv ein Ordnungsprinzip sich dem Schüler aufdrängt, das dann Deduktionen nahelegt.

Genetischer und programmierter Unterricht

Noch einiges ist auseinanderzuhalten: Die Dreiheit

genetisch — sokratisch — exemplarisch

habe ich, im weiteren Sinne, als *Genetisch* bezeichnet. In früheren Veröffentlichungen nannte ich sie wohl auch *exemplarisch,* da mich damals der rechte Flügel stärker beschäftigte[37].

Man *kann* aber den Begriff „exemplarisch" auch enger fassen, ihn nämlich auf die „stoffliche" Auswahl und Ausstrahlung beschränken; und entsprechend „genetisch" auf die stoffliche Reihenfolge. Dann ist es erlaubt zu sagen, daß man sowohl exemplarisch wie auch genetisch, wie auch beides verbindend, sogar *dozieren* kann[38].

Nur: streng sokratisch kann man nie dozieren und auch nicht programmieren. Und damit auch nicht *Genetisch,* da in ihm das Sokra-

---

36 Hierzu der auf S. 85 zitierte Satz von *H. Freudenthal.*
37 Ich glaube auch heute, daß exemplarischer Unterricht im wirksamsten Verstande immer genetisch und sokratisch vorgehen muß.
38 Etwa wenn man den vorhin gegebenen Bericht über den geologischen Lehrgang als genau zu befolgende Vorlage nimmt.

tische konstitutiv ist[39]. Insofern ist der *Genetische* Lehrgang grundsätzlich nicht programmierbar, er hat immer Dunkelheit[40] vor sich:
Ein Programm kann sich zwar auf mehrere vorgeplante Wege ver-
zweigen, aber es kann nie die unvorhersehbare und fließende, kontinuierliche Fülle der Möglichkeiten vorsehen, die ein streng sokratisches Gespräch in einer wachen und in sich koordinierten Gruppe
zutage bringt. Auch an welchen Weg-Wendungen der Lehrer etwas
sagen wird, kann er nicht vorher wissen. Denn Kinder, wenn ihr
Denken erwacht ist, denken überraschend[41] und meist auch überraschend gut.

Dazu kommt: Das Programm zerlegt den Weg in *kleinste* Lern-
schritte. Die „Exposition" des Genetischen Lehrens dagegen, muß
einen Sog von möglichst *langem* Atem einleiten, so daß er in die
„Dunkelheit" eines wochenlangen Lehrganges hinein- und hindurch-
saugt.

Vorwegnehmen

Nach diesen (begrifflichen) Zwischenbemerkungen möchte ich nun
am *Genetischen* Lehren noch eines besonders loben: es schützt uns
vor unserer häufigsten Versuchung (entschuldbar durch Stoffülle und
hohe Klassenfrequenz): Abstraktionen zu *verfrühen*[42].

---

39 Man wird dann auch nicht mehr vom „durchzunehmenden Stoff" sprechen, sondern von dem zu „erschließenden Gegenstand".
40 Für den Lehrer liegt im Dunkeln nur, welcher Weg sich ausbilden
   wird, für die Schüler auch das Ergebnis (sein Ende).
41 Von den Beispielen, die ich früher beschrieben habe, zeigt das am besten: „Ein Unterrichtsgespräch zu dem Satz *Euklids* über das Nicht-
   Abbrechen der Primzahlenreihe" in: Der Mathematikunterricht, 1962/4,
   S. 29—38; mit Kommentar auch in meinem Beitrag zu „Pädagogisch-psychologische Praxis an Höheren Schulen" (Hrsg. v. K. Strunz,
   München, 1963, S. 72—78), wie er auch in meinen pädagogischen
   Schriften („Ursprüngliches Verstehen und exaktes Denken", Stuttgart,
   1965, 2. Aufl. 1970, S. 102 ff. und S. 459 f.) abgedruckt ist.
42 Man vergleiche hierzu: W. *Klafki:* Das pädagogische Problem des Elementaren und die Theorie der kategorialen Bildung. 2. Aufl. Weinheim, 1964. Stichworte: Verfrühung, Vorwegnahme, Mehrdarbietung.

Dieses ungeduldige *Voreilen* gibt es: 1. in bezug auf die altersbedingte Reife der Schüler, und 2. in bezug auf die — sozusagen — Motivationsreife der sachlichen Situation.

So können wir, zum Beispiel, Schülern eines gewissen Alters die Regeln für das Rechnen mit relativen Zahlen als logisch gerade schon akzeptabel aufnötigen, und dennoch voreilen, insofern es für sie noch kein sachliches Motiv gibt, das ihnen die Wünschbarkeit solcher Definitionen aufdrängte und damit erst ihr produktives Suchen in Anspruch nähme.

Ernst Mach sagte geradezu, daß „die Jugend durch die Verfrühung der Abstraktion verdorben werde"[43]. Für die Ursache dieser Schädigung gibt es kein besseres Gleichnis als die von dem Chinesen *Mong Tse,* einem Zeitgenossen *Platons,* erzählte Geschichte, die *W. Metzger* in seinem Buch „Schöpferische Freiheit" wiedergibt[44]: von jenem Mann, der dem Korn zu wachsen *helfen* wollte, indem er an den Halmen zog, und so seine Ernte dezimierte. Wer dieses Gleichnis billigt, verschreibt sich damit durchaus nicht der unzureichenden Didaktik des bloßen Wachsenlassens, denn *mehr* noch als ein wachsender Organismus ist der erwachende Geist eifersüchtig darauf bedacht, selbsttätig zu sein. „Hilf mir", sagt das Kind, nach *Maria Montessoris* bekanntem Wort, zum Lehrer, „hilf mir, es von mir aus zu tun", das heißt: *mehr* hilf mir *nicht!*

Wenn wir dieses Ziehen am Halm unterlassen könnten, so würden wir, ich bin sicher, Anzahl und Qualität unserer Abiturienten merklich erhöhen.

Mathematik

Dieses Vorwegnehmen gibt es in vielen Fächern, vom grammatischen bis zum Religions-Unterricht, am stärksten aber wohl in den mathe-

---

— Ferner: Folge 9 der Empfehlungen des Deutschen Ausschusses, Stuttgart 1965, S. 26.

43 *Ernst Mach:* Populärwissenschaftliche Vorlesungen, 5. Aufl., Leipzig, 1923. S. 340.

44 *Wofgang Metzger:* Schöpferische Freiheit, Frankfurt a. M. 1962, S. 24.

matisierenden Wissenschaften und vor allem im Mathematikunterricht selber. Und zwar dann, wenn der abstrahierende Lehrer zu früh, zu unmotiviert, zu schnell, zu unwiderruflich das Gehäuse der *Muttersprache* zu verlassen und in die Sphäre der Symbole und Kalküle aufzusteigen drängt. Schon in der Bruchrechnung begünstigt die Automatik des Kalküls (wie ein Fahrzeug, das auch ohne uns läuft) eine Zeitlang die Täuschung, „mitzukommen", bis es zu spät ist für manchen, der gut ans Ziel gekommen wäre, wenn er anfangs hätte länger zu Fuß gehen dürfen. Ich frage mich wieder, *ob wir nicht oft hervorragende aber bedächtige Begabungen verscheuchen;* ob wir den Wegwerf-Konsum auf Menschen ausdehnen dürfen.

Gerade weil es für die Mathematik, mehr als für irgendeine andere Wissenschaft, legitim ist, sich von ihrer gegenständlichen Herkunft zunehmend zu lösen, sollten wir Lehrer lernen, diesen Sublimationsprozeß während des ganzen Unterrichts mit äußerster Sorgfalt und Strenge gegen uns selbst aus den Schülern durch die *Sache* herausfordern zu lassen, und uns hüten vor den ebenso bequemen wie unrentablen Praktiken des Verlockens, des Verführens, des Aufprägens.

Freilich besteht hier heute ein Zirkel: der Student der exakten Wissenschaften, vor allem der Mathematik, je mehr er selbst von diesem Sublimationsprozeß fasziniert und für ihn begabt ist, strebt selbstverständlich an die „Front" der modernen Forschung und spürt keinen Anlaß, sich umzublicken nach den Stadien, die er glücklich überwunden, ja vergessen hat. Wird er Berufsmathematiker, so schadet das niemandem. Wird er aber als künftiger Lehrer nur ebenso wie der spätere Berufsmathematiker ausgebildet, so ist das zu wenig; denn dann darf er gerade diese Stadien nicht vergessen. *Der Sinn für Strenge darf nicht verdrängen den Sinn für das Werden, auch und gerade dieser Strenge.* Sonst wird die genetische Fundierung über der logischen vergessen oder mit ihr für erledigt gehalten. Man kann dann fälschlich glauben, wenn Mathematik nur Logik-gerecht entwickelt werde, so trage sie nicht nur sich selbst, sondern auch den Lernenden.

Bei pädagogisch unberührten Mathematikern ist die fundamentale Verwechselung von mathematischer Strenge und pädagogischer

Strenge nicht selten. Sie können dazu neigen, das genetische Verfahren mit der „weichen Tour" gleichzusetzen, einem Unterricht also, der „wenig verlangt". — Wenn *Toeplitz* die genetische Entwicklung als den „sanften Anstieg vom Leichteren zum Schwereren"[45]. bezeichnet, so ist im Gegensatz zu dem (bequemen) logischen Weg vom abstrakten Prinzip zur vielfachen und komplizierten Anwendung das immer *motivierte* Fortschreiten von konkreten Einzelproblemen hoher Wirklichkeitsdichte zu abstrakten Allgemeinbegriffen gemeint.

Solang nicht dem Studenten, der — vielleicht — Lehrer werden wird, schon früh auch genetisch gestimmte Fachvorlesungen und Übungen angeboten werden — nach dem Vorbild etwa von *Toeplitz* und *Mach* — sind wir in einer recht verfahrenen Lage. Denn der Rückweg ist schwer für den Lehrer, dessen Schiffe hinter ihm verbrannt sind, sobald er das Ufer der modernen Forschung gewonnen hat. Leicht hält er ihn dann für einen Rückschritt, während ja die Präsenz und Transparenz des *ganzen* genetischen Weges für den, der an der Spitze angekommen ist, ein Mehr ist, ein formatives Mehr. Der gelegentlich zu hörende Einwand gegen das genetische Lehren, es bedeute ein „Steckenbleiben" im Historischen, im Psychologischen, im Simplen kommt aus diesem Mißverstehen. Es geht ja gerade darum, nirgendwo stecken zu bleiben, auch nicht im obersten Stockwerk.

In diesem Sinne ist der Satz von *Ernst Mach* zu deuten: „Am besten werden die bescheidenen Anfänge der Wissenschaft uns deren einfaches und stets gleichbleibendes Wesen enthüllen"[46]. Ich möchte ihn zu interpretieren versuchen: Wir stutzen vielleicht über das „stets *gleichbleibend*". Aber wir können es akzeptieren, da vom Gleichbleiben des *Wesens* die Rede ist. Das Wesen der Naturwissenschaft ist von *Galilei* bis zur Kernphysik dasselbe geblieben. Überraschungen gehören gerade zum Wesen der entdeckenden und erfindenden Wissenschaft. — Aber, wenn das Wesen gleichbleibt: warum

---

45 Jahresberichte der deutschen Mathematikervereinigung, Bd. 36 (1927), S. 88 ff.

46 *Ernst Mach:* Populärwissenschaftliche Vorlesungen, 5. Aufl., Leipzig, 1923, S. 220.

kommt es dann auf die *Anfänge* an? Weil sie, sagt *Mach, bescheiden* sind. — Sind sie denn das? War *Galilei* ein bescheidener Denker? Sie sind bescheiden, insofern sie der Geisteslage und Haltung des Anfängers entsprechen, der sich die notwendigen Begriffe erst produktiv schaffen muß. Gerade dadurch sind sie zugleich ungemein anspruchsvoll. Genau das, was wir im Unterricht wollen: den Anfänger ansprechen, aufrufen und zur Steigerung seines produktiven Selbst herausfordern. Und das will im Grunde auch das Kind und der Jugendliche (mag dem auch sein, durch unsere vernachlässigten Institutionen verzerrtes, Schüler-Verhalten oft widersprechen). — Am *besten* sind die Anfänge, sagt *Mach.* Wofür? Um dieses Wesen zu *enthüllen.* — Und welche Hüllen sind da zu lösen? Ich vermute, er meint deren zwei, und sehr verschiedene. Eine erste gibt es selbstverständlich, insofern die naiv angeschaute Natur das Naturgesetz ja offenbar verbirgt. (Denken wir an das Beharrungsgesetz[47]). *Mach* meint aber noch eine zweite Hülle, denn an anderer Stelle sagt er einmal: „Der naturwissenschaftliche Inhalt der Mechanik ... aus welchen Quellen wir ihn geschöpft haben ... liegt eingeschlossen und verhüllt in dem intellektuellen Fachapparat der heutigen Mechanik"[48].

Ganz entsprechend *Toeplitz* (1926): „Alle diese Gegenstände, die heute als kanonisierte Requisiten gelehrt werden, und bei denen nirgends die Frage berührt wird: Warum so? Wie kommt man zu ihnen? ... müssen doch einmal Objekte eines spannenden Suchens, einer aufregenden Handlung gewesen sein, nämlich damals, als sie geschaffen wurden. Wenn man an diese Wurzel der Begriffe zurückginge, würde der Staub der Zeiten ... von ihnen abfallen, und sie würden wieder als lebensvolle Wesen vor uns erstehen"[49]. Diese zweite Verhüllung, die, bei deren Lösung der Staub fällt, ist also

---

47 C. F. *von Weizsäcker:* „Galilei tat seinen großen Schritt, indem er wagte, die Welt so zu beschreiben, wie wir sie nicht erfahren" Die Tragweite der Wissenschaft, Stuttgart 1964, Bd. I, S. 107).
48 *Ernst Mach:* Die Mechanik in ihrer Entwicklung. Vorwort zur 1. Aufl., Leipzig, 1883.
49 Zitiert im Vorwort von G. *Rothe* zu O. *Toeplitz:* „Die Entwicklung der Infinitesimalrechnung", Bd. I, Berlin 1949.

keine natürliche, sondern sie ist hervorgerufen durch eine Didaktik, die voreilig aus der Genese in die Darlegung sich vorschnellt.

(Die theologische Parallele: „Für den Unterricht wird es darauf ankommen, immer wieder ein Verstehen der Ursprungssituation des Glaubens, wie sie in den Texten der Bibel und in der Geschichte der Kirche überliefert, aber auch verdeckt ist, zu vermitteln"[50])

Die entpädagogisierende Wirkung des Fachstudiums

Was also heute dem künftigen Lehrer, jedenfalls der Mathematik und der Naturwissenschaften, in seinem Fachstudium fehlt, und was *nicht* einfach zu heilen ist durch *Additionen* von Pädagogik, Psychologie und Wissenschaftsgeschichte, das ist die *genetische Metamorphose* des sogenannten Stoffes, ohne die jene pädagogisch-psychologischen Vorlesungen überhaupt nicht richtig „ankommen" können; nicht so nämlich, daß sie sich mit der Fachwissenschaft zu verbinden vermögen. Ein Umstand, der in den Diskussionen um die Lehrerbildung häufig nicht bemerkt wird.

Solang wir nicht auch genetische Fachvorlesungen haben, so lange also das Fachstudium eine entpädagogisierende Wirkung hat, können wir allenfalls durch nachträgliche Regenerationsbemühungen noch etwas ändern und nur bei wenigen.

Es hat immer bedeutende Fachmathematiker gegeben, die, wohl aufgrund ihrer persönlichen Geistesart einen eminent pädagogischen, weil genetischen, Sinn gezeigt haben: *Poincaré, Mach, Toeplitz, Polya, Freudenthal* und *Wittenberg,* der uns so brauchbare und eindringliche Beispiele hinterließ[51].

---

50 Aus *H. B. Kaufmann:* Die Ursprungssituation des Glaubens, theologisch und didaktisch interpretiert, in: Die Herausforderung der Schule durch die Wissenschaften, hrsg. von Th. Wilhelm, Julius Beltz Weinheim, 1966, S. 117—134.

51 *A. I. Wittenberg:* Bildung und Mathematik, Stuttgart 1963; Ders.: Redécouvrir les mathématiques, Neuchâtel, 1963. — H. *Freudenthal:* Was ist Axiomatik und welchen Bildungswert kann sie haben, in: Der Mathematikunterricht (Klett), 1963/4, S. 5.

Die Zuletztgenannten und neuerdings *D. Laugwitz*[52] haben sich sehr skeptisch zu gewissen übereilten Schulversuchen mit der modernen Mathematik geäußert. *Laugwitz* hat im Besonderen darauf hingewiesen, daß pädagogische Entscheidungen leicht durch die Position beeinflußt werden, die der Lehrer als Mathematiker einnimmt in der Diskussion über die Seinsweise der mathematischen Gegenstände. Das heißt zu der Frage, ob sie „an sich schon da seien" und von uns entdeckt, oder ob sie vom erfindenden Mathematiker erschaffen werden. Es zeigt sich, daß der zweite, der konstruktive, Standpunkt für pädagogische Argumente empfänglicher macht.

Im Ganzen kann ich zu der Frage nach der Einführung der modernen Mathematik in die Schule so wenig sagen, wie einer kann, der von der modernen Mathematik beliebig wenig weiß. Als eine Art Lotse, der die Küstengewässer kennt, verstehe ich nichts von Hochseeschiffahrt. Wer von moderner Mathematik nichts weiß, kann aber auch nichts gegen sie haben.

Da ich andererseits mehr Fühlung mit Mathematik habe als, leider, die meisten Pädagogen (obwohl sie alle „Abitur haben"), kann ich vielleicht doch ein wenig vermitteln.

Was den Pädagogen angesichts der gegenwärtigen Reformbewegung wachsam macht (wofern er sie bemerkt), ist die einseitige Herkunft ihres Elans. Er hat den Eindruck, daß es sich fast ausschließlich um eine Modernisierung des sogenannten Stoffes, eine Auslichtung und Umordnung, handelt, im Sinne einer Annäherung an die Front der gegenwärtigen Forschung. Dagegen wäre nichts einzuwenden, wenn zugleich ebenso stark ein andrer und, wie ich glaube, wichtigerer Impuls in Fluß käme, der seit Jahrzehnten fällig ist, nämlich eine pädagogische Modernisierung, eben im Sinne des genetischen Prinzips. Ich stimme also mit *H. Freudenthal* überein, wenn er schreibt: „Das erste Anliegen ist heute nicht, den Unterrichtsstoff sondern den Unterricht zu modernisieren." Offenbar in genetischer Richtung, denn er sagt in dem gleichen Vortrag: „Daß der Schüler etwas lernen

---

52 *D. Laugwitz:* Sinn und Grenzen der axiomatischen Methode, in: „Der Mathematikunterricht", 1966/3, S. 16.

muß, ist nur richtig, wenn dem „muß" ein Bedürfnis des Schülers (nicht des Lehrers) vorangeht"[51].

Das Problem, ob und wie moderne Mathematik genetisch zu unterrichten sei, wird nur Jemand lösen können, der beides kennt und bejaht.

Ohne Kenntnis der modernen Mathematik läßt sich nur soviel sagen:

Es ist kein Zufall, daß die moderne Mathematik erst im 20. Jahrhundert entstanden ist.

Andererseits *hat* sie, wie alles, eine Genese.

Daß sie in der Schule nicht früh einsetzen darf, dafür scheint der Satz *Freudenthals*[51] zu sprechen: „Man kann ein Gebiet, das man nicht kennt, nun einmal nicht ordnen."

Es ist aber andererseits nicht auszuschließen (da Genese nicht Historie ist), daß es eine abkürzende und doch echte Genese gibt, ähnlich wie sie bei gewissen Zugängen zu der, ja ebenfalls jungen, Relativitätstheorie möglich erscheint.

Die Kernfrage: ist es so, daß die modernen Fragestellungen, Begriffe, Symbole und Strukturen sich dem Schüler aus der *Sache* aufdrängen (ähnlich wie die geologischen Fragen aus der Landschaft), ohne daß der Lehrer sie ihm aufnötigt oder auch gefällig macht? Natürlich hat der Lehrer — wie gesagt — etwas zu tun: er hat ein Fragen und auch Begriffe[53] provozierendes ursprüngliches Material (also Körper, Figuren, Mengen von Gegenständen) zu exponieren und möglichst wenig zu sagen.

Von den Problemen der mathematischen Ontologie und von der Frage, ob überhaupt die axiomatische Mathematik als die moderne schlechthin bezeichnet werden dürfe (Der Mathematikunterricht, 1966/3), kann ich hier absehen. Einmal, da ich hierzu nicht genügend urteilsfähig bin, zweitens, weil ich meinen Standpunkt rein

---

53 So ist — ein Beispiel aus der Physik — die „elektrische Ladungsmenge" ein *Begriff*, dessen Frühformen sich bei spielendem Umgang mit Elektroskopen aufdrängen, ohne daß der Lehrer etwas zu sagen braucht. Näheres auf S. 57f. meines Buchs „Die pädagogische Dimension der Physik", Braunschweig, 3. Aufl. 1970.

pädagogisch, fachunabhängig, begründe aus den auf S. 59 genannten drei Prinzipien.

Ihre Richtigkeit ist nicht beweisbar, man muß sich entscheiden. Die pädagogische Entscheidung hängt davon ab, wie man die Zukunft des Menschen wünscht, die des Kindes und die der Menschheit. Im Besonderen kann man das Prinzip der Kontinuität (des „enracinement") so formulieren: *der Mensch darf nicht gespalten werden, wo er ganz bleiben kann.* (Es ist nicht identisch mit dem Ideal der harmonischen Persönlichkeit. Spannungen sind unvermeidlich, aber sie sollten nicht zu Diskontinuitäten führen, und Polaritäten nicht zu Verdrängungen.)

Wer diesen Prinzipien zustimmt, wird auch dann, wenn er an den, wie *Laugwitz* (a.a.O. S. 21) ihn nennt, mathematischen „Ideenhimmel" glaubt, sich überlegen, wie man in ihn hineinkommt und hineinführt. Auch er kann nicht wollen, daß man ein Kind oder auch einen unwissenden Erwachsenen in ihn einfach versetze, wenn ein ungespaltener, und dazu ein produktiv und kritisch Denkender aus ihm soll hervorgehen können. Man wird eine Art Himmelsleiter für notwendig halten, und zwar nicht eine vorgefertigte heruntergelassene, von deren Spitze der Lehrer den nur logisch angeseilten Neuling unfallsicher und vielleicht sogar mitreißend, aber ohne sachliche Motivation hinaufzieht. Wir werden uns vielmehr eine Treppe vorstellen müssen, welche die Lernenden gemeinsam mit ihrem Lehrer bauen, nachdem sie *sachliche* Motive für einen solchen Bau erkannt haben. (Siehe S. 99)

Die Alternative „von der Sache aus *oder* vom Kinde aus?" ist reif, als solche zu verschwinden. In der gelingenden pädagogischen Situation arbeitet das Kind nie anders als sachlich. Aber die Sache zieht und erzieht es nur insoweit sie seinen geheimem (ihm unbewußten) Erwartungen und *Steigerungs*-Wünschen entspricht. Das Verhältnis des Lernenden zu seinem Gegenstand ist der Gravitation verwandt, die man ja auch nur von Erde und Mond *zugleich* bestimmt denken muß. Die Sache ist für das Kind eine anziehende, und das Kind ist zur Sache ein drängendes. Wo es nicht so aussieht, sind es unsere Institutionen, die der Prüfung bedürfen. (Siehe Anhang, S. 94)

Man hört bisweilen, Kinder wollten „gefordert" werden. Das kann leicht als nach Pistole und Pulverrauch riechend mißverstanden werden. Gemeint kann nur sein: Die Kinder sind es, die fordern, und zwar vom Lehrer, daß er sie geistig *heraus*fordere. Das heißt, sie erwarten von ihm Hilfe wie auch Nicht-Hilfe. Genau das sagen zwei Sätze von Maria *Montessori:* 1. (Das Kind sagt zum Lehrer:) „Hilf mir, daß ich es von mir aus tun kann", 2. (Sie rät dem Lehrer, er) „solle Ziele setzen, wohl außer der Reichweite, aber durch ein sich-Recken des Geistes erreichbar."[54]

Ich kann zur Frage „Moderne Mathematik und Schule" nur eine allgemeine Erfahrung beitragen: Auf jeden Fall warne ich vor einem voreilenden Verlassen der Muttersprache zugunsten einer verfrühten Ausgabe von Symbolen. *Diesen Fehler sollten wir diesmal nicht wieder machen.* Das Vorwegnehmen nimmt dem Schüler etwas, wo es ihm zu geben glaubt. (Siehe S. 99)

Das gilt für alle Fachsprachen, nicht nur die mathematische. Und jenes „nicht hinter sich die Schiffe verbrennen" gilt auch für die Schiffe der Schüler. Ein anfangs eingewurzelter Lehrgang kann nämlich auch noch nachträglich zusammenstürzen, wenn er immer nur „vorangetrieben" wird und nicht auch immer wieder das Vor-*und-zurück*gehen *übt, auch zurück* vom Calcül zur Sprache und von der Fachsprache zur Muttersprache.

Nicht also sollte der Schüler lernen, so etwas wie das Einundeinhalbfache des Drittels nur automatisch zu rechnen ($1\frac{1}{2} \cdot \frac{1}{3} = \frac{3}{2} \cdot \frac{1}{3} = \frac{3 \cdot 1}{2 \cdot 3} = \frac{1}{2}$).

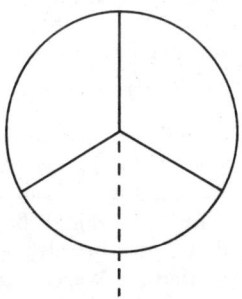

---

54 M. E. *Standing:* Maria Montessori, Stuttgart, 1952, S. 198.

Er sollte auch, und zuerst, dasselbe ohne Symbol und Kalkül *sehen* und leisten und *gerade das* immer wieder üben[55].

Und die Frage, warum eine lang aufgehängte Pendellampe, mit Öl gefüllt erstaunlicherweise ebenso schwingt wie leer, sollte ein Prüfling nicht nur mit dem Hinweis auf das in $T = 2\pi\sqrt{\dfrac{l}{g}}$ „fehlende m" zu beantworten wissen. Er sollte es auch, und *vor allem*, „primitiv", und dabei vielleicht *mehr* verstehend, etwa so sagen können: der schwere Pendelkörper strebt stark nach unten, ist aber auch schwer in Gang zu bringen; der leichtere kommt leichter in Gang; aber ihn zieht es auch nicht so stark abwärts[56].

Das kritische Vermögen

In diesem Zusammenhang gewinnt nun unsere dritte formative Tugend des *kritischen Vermögens* (S. 59) eine Ausweitung.

Sie äußert sich im Gefolge des produktiven Findens längs eines umfangreichen Entdeckungszuges als die vom Lernenden immer wieder eingreifende Kontrollinstanz: zunächst für die logische Folgerichtigkeit. Dabei ist der Blick auf die *Sache* gerichtet.

---

55 Galilei, und nicht einmal zu Simplicio sprechend, kann für solche deutlichste Einfachheit der Aussage Vorbild sein: „Wenn etwas das dreifache, ein anderes das zweifache einer Sache ist, so ist jenes das anderhalbfache von diesem" („Unterredungen . . .", Neudruck der Wiss. Buchges. Darmstadt, 1964, S. 80) — Siehe auch H. *Karaschewski:* Zusammenhänge zwischen Anschaulichkeit, Fertigkeit und Findigkeit, in: Der Mathematikunterricht 2/1967, S. 14.

56 Andere Beispiele: Kinder fragen, warum der künstliche Satellit Jahrhunderte-lang um die Erde fliegen kann. „Wo hat er soviel Treibstoff her? Und wer lenkt ihn, daß er immer schön in der Kurve bleibt?" Mancher Hauptschullehrer (Abiturient) runzelt die Stirn und hält es für nötig, „erst einmal" mit dem exakten Beharrungsgesetz, der Gravitation, der Zentrifugalkraft, der Beschleunigung, eine „solide Basis" zu legen. (Näheres über einfachere Wege in meinen Schriften: „Natur physikalisch gesehen" 5. Aufl., Westermann, Braunschweig 1975 und „Die pädagogische Dimension der Physik", Braunschweig, 3. Aufl., 1971, S. 271 f.).

Ich möchte aber hineinnehmen auch den reflexiven Blick, den der Lernende auf *sich selber* zu wenden lernen muß, zur Kontrolle des *bruchlosen* Fortschreitens zu abstrakteren Lagen, (eines Fortschreitens, vor dem sich das Dunkel lichtet, und hinter welchem es nicht wieder dunkel werden darf). Aber ich meine damit jetzt nicht das selbstverständliche Behalten elementarer Kenntnisse und der logischen Verbindungen, sondern das Nicht-Vergessen ursprünglicher, primitiverer, naiver *Weisen* des Verstehens. „Kritisches Vermögen" dient also dem Schutz gegen Unlogik nicht nur, sondern auch dem Schutz gegen „Schizophrenie". „Verwandelt *Bewahren*" nennt es Spranger[57].

Realisierung

Wer, wie es hier geschieht, ein Verfahren in seiner Reinheit darzu-

---

57 Wie weit das „Verwandelt Bewahren" zurückgehen sollte in die nichtwissenschaftliche, die unmittelbare Welterfahrung zeigen: A. *Portmann:* Welterleben und Weltwissen, München 1964 und die „Zwischenbetrachtung: Fundamente im Sinnfälligen" auf den Seiten 106/7 der Empfehlungen und Gutachten des *Deutschen Ausschusses für das Erziehungs- und Bildungswesen*, Folge 9 (Empfehlungen für die Neuordnung der Höheren Schule), Stuttgart, 1965 (S. 625/6 der Gesamtausgabe).
Auch die *Sprache* der unmittelbaren Welterfahrung (die *innerhalb* der exakten Wissenschaften zu Recht verpönte), die „anthropomorphe", darf im Unterricht nicht verstummen, solange das Denken noch im Werden ist. Gerade dadurch, und nur dadurch, wird am Ende die exaktwissenschaftliche Sprache sich jedesmal wieder rein auskristallisieren. Beim Bedenken jedes neuen Problems darf der Sprache *anfangs* kein Zwang angetan werden. Auch der Lehrer sollte sich während der Genese keiner Askese befleißigen. Das Erlernen wissenschaftlichen Denkens und Sprechens kann durch Redeverbot und Imitation nicht geleistet werden. Ich halte es — im Gegensatz zu mancher üblichen Lehrprobenkritik — nicht nur für erlaubt, sondern für sogar förderlich, wenn der Lehrer, etwa, sagt: „Was" (oder gar: „Wer") „ist denn schuld (!) daran, daß der Stein unter Wasser so leicht wird?" Oder: „Die Zahl $3 \cdot 5 + 1$ ist also weder durch 3 noch durch 5 teilbar. Sie kann nicht! Selbst wenn sie selber es wollte, könnte sie es nicht!").

stellen versucht und empfiehlt, muß sich vor dem Mißverständnis schützen, er habe gesagt oder gemeint: Kein anderes Verfahren! (Und: ab morgen; einzuführen womöglich auf dem Verordnungswege). Deshalb heißt es im Titel: das *Problem* des genetischen Lehrens.

Kein Problem ist es: gemessen an der Natur des Kindes, am Wesen der Wissenschaft und an den Forderungen der Zeit; in hohem Maß aber ist es ein Problem, gemessen an unseren historisch gewordenen und in eine Krise geratenen Bildungsinstitutionen. Vom Lehrermangel und den Klassenfrequenzen weiß nun die Öffentlichkeit.

Sie weiß noch nicht, daß ein wirksamer, ein genetischer, Unterricht verlangt, *daß man bei der Sache bleibe.* Unsere hartnäckig tradierte Unterrichtsorganisation — als wirre Folge beziehungsloser Kurzstunden kaum Organisation zu nennen —, bedeutet eine planmäßige Planlosigkeit, eine Zersplitterung[58] von ungeahnter Unwirtschaftlichkeit. Diesem Verwaltungsschema und nicht der Lernpsychologie ist notgedrungen unsere Unterrichtsmethode angepaßt. Sie muß sich und die Lehrer darin erschöpfen, gegen die permanente Verhinderung des Kontaktes — zwischen Schüler und Sache — fast aussichtslos anzukämpfen.

Dabei *gibt* es den Ausweg des *Epochenunterrichts*[59]. Einige Wochen lang bleibt die Gruppe möglichst *täglich*[60] mindestens zwei Stunden lang bei demselben Fach und demselben Themenkreis. Dann wechselt

---

58 Vgl. in meinem Buch: „Ursprüngliches Verstehen und Exaktes Denken", Stuttgart, Stichwort „Kurzstunden", 2. Aufl. 1970, Bd. I u. II. — Eindrucksvolle Beschreibungen der heutigen Schulwirklichkeit bei H. *Rumpf,* Die Misere der Höheren Schule, Berlin-Neuwied, 1966, S. 6 ff., 16 ff.

59 In meinem Buch: Stichwort „Epochenunterricht". — Der Deutsche Ausschuß in der Folge 9 seiner „Empfehlungen und Gutachten", Stuttgart, 1965, empfiehlt ihn für die Oberstufe und gibt auch organisatorische Hinweise: S. 28 u. 40 (Gesamtausgabe: Stichwort „Epochen"). — H. *Rumpf,* a.a.O., S. 159 f.

60 Erst dadurch wird die mächtige Hilfe der „Unterbewußten Arbeit" mobil gemacht. Siehe *Polya,* a.a.O. S. 216 ff.

man die Fächer. Epochenunterricht ist hinreichend erprobt[61] und bewirkt eine Potenzierung des nachhaltigen Erfolges.

Gewiß muß man, in die übliche Kurzstundenmethode eingewöhnt, gegen ihn Vorbehalte haben, wenn man annimmt, die Methode bleibe dieselbe. Aber sie ändert sich grundlegend, sie nähert sich dem *sokratischen Verfahren* an. *Leonard Nelson*[62] hat es am strengsten entwickelt. (Allerdings dürfen wir mit Kindern nicht so rigoros verfahren, wie er es mit Philosophiestudenten tun konnte).

„Es ist nun keine Frage", las ich kürzlich in einem bedeutsamen medizinischen Aufsatz[63], „daß es institutionelle Formen gibt, die entscheidende Erfahrungen mit Kranken unmöglich machen". Dabei war wohl an den Krankenhausbetrieb gedacht. Die Übertragbarkeit auf die Schule drängt sich auf: Es gibt institutionelle Formen, die entscheidende pädagogische Erfahrungen mit Schülern unmöglich machen. Die Kurzstunden-Schule ist eine solche Institution.

Daß genetischer Unterricht eine veränderte *Lehrerbildung* voraussetzt, habe ich angedeutet. Der „Deutsche Ausschuß" rechnet mit einer Anlaufzeit von zehn Jahren (bevor seine Vorschläge zur Neuordnung der Höheren Schule über Versuchsschulen hinaus realisierbar werden können).

Optimismus ist also nicht angebracht. Umso nötiger, daß wir uns bald entscheiden, was wir eigentlich wollen, und wo wir, in enger Zusammenarbeit von Schule und Hochschule jetzt schon anzufangen

---

61 Nicht nur in der Odenwaldschule, sondern auch in den Waldorfschulen und staatlichen Versuchsschulen. Vgl. Z. f. Päd. 1961, S. 337 f.

62 *Leonard Nelson:* Die sokratische Methode. Siehe S. 140 des vorliegenden Buches! — Der offenbar schwankende Begriff der Sokratischen Methode wird im vorliegenden Aufsatz etwa im Sinne von Nelson gebraucht, ungeachtet der Tatsache, daß der Sokrates der platonischen Dialoge die nach ihm benannte Methode nicht oder noch nicht so meinte und realisierte wie wir es wollen. (Deutlich gerade im „Menon": Sokrates wartet nicht ab, bis der Sklave „es" sieht; er sagt „es" selbst.) — Hierzu Nelson, a.a.O. S. 205 f. Auch H. Rumpf: Die sokratische Prüfung, Z. f. Päd., 1967, S. 334.

63 *Wilhelm Kütemeyer:* Das Menschliche in der Krankheit, Süddeutsche Zeitung, Nr. 134/135, 1965.

haben, und wo mancher einzelne Lehrer schon anfangen kann[64]. Denn zu glauben, solche didaktischen Fragen hätten erst einmal Zeit, erscheint mir so, als wolle die Mannschaft eines in Seenot befindlichen Schiffes, vollauf mit Pumpen und Reparieren beschäftigt, den Kompaß ruhig über Bord gehen lassen. (Wobei in unserem Fall die Reparatur sogar richtungsabhängig ist).

Aber es gibt auch *Hilfen;* und von vielleicht unerwarteter Seite: Man kann den Eindruck haben, es stehe das *Genetische* Lehren in schroffem Gegensatz zu dozierendem oder gar technisiertem Unterricht. Dieser Gegensatz besteht gewiß, aber nicht im Sinne der Unvereinbarkeit sondern der gegenseitigen Ergänzung. Ich deutete es schon an: nicht *jede* Kenntnisnahme, nicht einmal jedes Verstehen, muß bildend sein. Zwar muß ein formativer Unterricht notwendig einige genetisch-sokratisch-exemplarische Bildungs-*Pfeiler* setzen — sie brauchen thematisch nicht einmal alle fixiert zu sein —; daneben aber kann es, muß es Informationen, Orientierungen geben, vergleichbar mit weit, sparsam, straff und schnell geführten *Verbindungs-Bögen,* die nicht nur durch Lektüre und Referate sondern auch mit allen Mitteln moderner *technisierter Information* ausgespannt werden können, wie Schulfunk, Fernsehen und — vernünftig programmierten — Lernmaschinen. Sinnvoll freilich nur dann, wenn sie sich an den formativen Pfeilern buchstäblich befestigen. Das heißt: in den Bögen sollte nur vorkommen, was in den Pfeilern der *Art* nach, also „exemplarisch", schon eingebaut ist. Unter derartigen, in weitestem Sinne programmierten Führungen kann es solche geben, in denen wiederum das genetische (aber kleingeschrieben!) Prinzip maßgebend ist. Andere mögen sogar vom Ergebnis her deduzierend und demonstrierend vorstoßen. (Bei solchen darlegenden Informations-„Bögen" ist die Kurzstunde nicht nur zulässig sondern zu empfehlen. Nur sollte die Pause zwischen zwei aufeinanderfolgenden Stunden desselben Themas auch hier nicht ein bis zwei Tage überschreiten. Ebenso ist dabei die Sitzordnung des Hörsaals und eine große Hörerzahl anzuraten. Sie könnte, unterstützt durch technische Mittel, grundsätzlich in die Hunderte gehen; während die genetisch

---

64 Vorschläge dazu im „Anhang" (Seite 95—103 ff.).

arbeitende Gruppe kaum mehr als zwanzig Teilnehmer haben sollte (auch nicht viel weniger), die seminarartig um einen großen Tisch herumsitzen. (Der Tisch ist besser als die offene Runde. Die Tischplatte verbindet.)

Die Qualitäten des genetischen Lehrens

1. Es bemüht sich um die „Einwurzelung" (im Sinne *Simone Weils*), ohne die es keine Formatio gibt. Denn Spaltung der Person ist der Gegensatz zur Bildung.
2. Es lehrt zuerst das produktive Suchen, Finden, und das kritische Prüfen und gibt damit ein authentisches Bild der lebenden Wissenschaft.
3. Es macht Gebrauch von der angeborenen Denk- und Lernlust des Kindes. Daher sein hoher Wirkungsgrad.

Deshalb: je schneller, je faszinierender eine moderne Wissenschaft im Fortschreiten zum Abstrakten ist, desto bewußter sollte sie, als Unterrichtsfach in den Schulen (und, soweit sie Lehrer bildet, auch in den Hochschulen), falls sie dort eine allgemein-bildende Funktion sich bewahren will, ihre Modernität auch pädagogisch anstreben, indem sie ihre Hauptsorge darauf richtet, daß sie für den Lernenden immer mit der ursprünglichen Wirklichkeit und dem ursprünglichen Denken und Sprechen verbunden und auf sie gegründet bleibt.

Werdende lernen am wirksamsten an Werdendem, und zwar dann, wenn wir sie ausgehen lassen von Erstaunlichem, das ihr Gespräch zu Einfall und Selbstkritik herausfordert.

Das kann gelingen, wenn wir Lehrer hinter uns selber nicht, und hinter den Schülern nicht, „die Schiffe verbrennen"; oder, in dem anderen Gleichnis: wenn wir uns hüten, „an den Halmen zu ziehen".

Zusammenfassung

Die moderne Welt verlangt einen vor unerwarteten Aufgaben produktiv denkenden und kritisch prüfenden Menschen, dessen Abstraktionen ohne Spaltung aus der ihm unmittelbar gegebenen Wirklichkeit hervorgehen. Die dazu erziehende Didaktik verschmilzt genetische, sokratische und exemplarische Elemente zu einer Einheit, die hier „Genetisches Lehren" genannt wird. Es ist zugleich dasjenige, welches die Begabungen, auch die verborgenen und die bedächtigen, sicher auffindet und wachruft.

Am Beispiel von zwei Lehrgängen, einem geologischen und einem physikalischen, wird ausführlich gezeigt, was gemeint ist: eine Einführung in die lebende, nicht in die nur verwaltende Wissenschaft.

Dabei wird das „Genetische Lehren" in Vergleich gesetzt mit dem üblichen („darlegenden") Unterricht, mit historisierendem Vorgehen, mit der induktiven Methode und mit technisierter Information. Im Zusammenhang mit dem Problem der „Verfrühung" gilt eine besondere Betrachtung dem Mathematikunterricht und der Frage nach dem Ort der „Modernen Mathematik" in der Schule.

Die erwiesene Unwirtschaftlichkeit der traditionellen Unterrichtsorganisation — Zerstückelung in planlos wechselnde Kurzstunden — fordert den „Epochenunterricht" (einige Wochen lang täglich dieselben wenigen Fächer in je mindestens zwei Stunden). Er ist eine Voraussetzung des Genetischen Lehrens.

Eine zweite ist die genetische Akzentuierung des Fachstudiums der Lehrer auf den Universitäten und den Pädagogischen Hochschulen im Sinne von Mach, Toeplitz, Polya und Wittenberg.

Epochale genetische Lehrgänge stehen nicht im Widerspruch zu schnellen informatorischen Kursen in technisierter Form. Vielmehr sind sie deren Voraussetzung. Zugleich bedürfen sie ihrer zur Ergänzung.

Was kann der einzelne Lehrer heute tun,
um annähernd genetisch zu unterrichten?

Wie soll der Lehrer aber anfangen können, wenn ihm die organisatorische Voraussetzung, der Epochenunterricht, fehlt? Um nicht gerade solche Lehrer zu entmutigen, denen das *Genetische* Prinzip am meisten einleuchtet, lasse ich hierzu einige Vorschläge folgen. Sie kommen aus der Praxis.

Doppelstunden sind ein gewisser, noch unzureichender Ersatz für Epochenunterricht. Denn Zwischenzeiten von mehreren Tagen, angefüllt mit vielen anderen Unterrichtsfächern, lassen es kaum zu der intensiven inneren (auch unbewußten) Fühlung zwischen Schüler und Sache kommen, die Voraussetzung ist. Immerhin bedeuten Doppelstunden eine Erleichterung.

Aber sogar im Kurzstunden-Betrieb — und erst recht also bei Doppelstunden — ist es möglich, wenigstens in der *Richtung* des *Genetischen* Lehrens Erfahrungen zu machen; wenn auch in ständigem Widerstand gegen die abträglichen Unterbrechungen. Der Wirkungsgrad wird dann zwar geringer sein als bei Epochenunterricht, aber doch größer als der des zur Zeit herrschenden Verfahrens (vorausgesetzt, man mißt ihn an der *Nachhaltigkeit* des Gelernten).

Ich möchte nun andeuten, wie ein solcher, zwar an Kurzstunden gefesselter doch ins *Genetische* tendierender Unterricht aussehen könnte.

Man mag zuerst meinen, was wir „Arbeitsunterricht" nennen, bedeute schon einen Schritt in dieser Richtung. Denn er bemüht sich ja, die Fragehaltung des Schülers zu ermutigen und seine auf das „Ziel der Stunde" hinarbeitende Selbsttätigkeit. Aber gerade dieser, gleichsam im Käfig der Kurzstunde ablaufende Arbeitsunterricht (so gewiß er, verglichen mit dem Dozieren, seine Vorteile hat) verhält sich zum *Genetischen* nicht wie eine Vorstufe zum Gipfel, sondern (gerade wegen jener gewissen Verwandtschaft) wie eine Karikatur zum Original. Und zwar deshalb, weil er die Kurzstunde nicht nur erduldet, sondern sie respektiert, ja seine ganze Methodik und seinen

Aufbau der „Stunde" ihr widerspruchslos einfügt. Deshalb fehlt der über Wochen anhaltende Sog des sachlichen Motivs, den ich zu beschreiben versuchte. Im Epochenunterricht dagegen kommt er auf, weil ja für eine Periode immer nur einige der vielen Fächer (hier nun wirklich) „zum Zuge kommen". Ihr Vordringen gleicht einem beharrlichen und tiefgehenden Fließen in geräumigem Flußbett, angetrieben von jenem Sog. (Die übrigen Fächer ruhen indessen und sammeln gleichsam Kräfte, bis dann sie an die Reihe kommen.) Der konventionelle Stundenplan dagegen, der jedes Fach wenigstens einmal in der Woche bewegen will, erinnert an ein Pumpwerk, das den Stoff durch ebenso viele Kapillaren wie es Fächer gibt in mühsamen Stundenstößen hindurchpreßt, die Kraft des pumpenden Lehrers zermürbend, die Kräfte der Schüler nicht befreiend. Die Röhren sind zu eng, und es sind ihrer zu viele. Nichts kommt recht in Gang, mag das Pumpgeräusch auch manchmal munter klingen. — „Arbeitsunterricht" in Kurzstunden ist also nicht gemeint.

Was ich empfehle, um in einem — man könnte sagen: — Kurzstunden-Notstandsunterricht Ansätze *Genetischen* Lehrens kennenzulernen, ist Folgendes:

1. Man beginne nicht etwa in allen Klassen, die man unterrichtet, auf einmal, sondern nur in einer einzigen: der Klasse, mit welcher man am meisten vertraut ist. — Gut, wenn es eine *kleine* Klasse ist.

2. Auch hier versuche man es nur eine Zeitlang — einige Wochen —, und womöglich im Einverständnis mit der Behörde, sonst aber möglichst unauffällig.

3. Das Thema (abgesehen davon, daß es in dem beschriebenen Sinne geeignet ist) sollte zu denen gehören, die den Lehrer persönlich immer wieder anziehen; insofern es ihn drängt, es auch für sich selber noch mehr in seinen Grundlagen zu klären und zu vereinfachen; obwohl, oder vielmehr weil, er in diesem Bereich besonders gut Bescheid weiß. Mit anderen Worten: er muß hier selber etwas lernen wollen; nicht im Sinne der „Weiterbildung", sondern im Sinne der ihm noch immer nicht genügenden Grundbildung.

4. Das Wichtigste und wohl Schwierigste: man breche völlig mit der Methodik, die durch die Kurzstunden *erzeugt* ist. Man arbeite also *gegen* die „Stunde" und *für* die kommenden Wochen. Man nehme

sich soviel Zeit wie nötig ist für das Aufkommen eines *Genetischen* Unterrichts, ohne an das Klingelzeichen überhaupt zu denken. Ein „Ziel der Stunde", ein „Ergebnis", wird also nicht geplant; (kommt es dazu: gut, aber) das erste und lange Zeit einzige Ziel ist ein anderes: die gelingende „Exposition". Sie gelingt, wenn sie die Fühlung, die „Aufmerksamkeit" im Sinne *Simone Weils* erregt (so wie ein Windstoß den Wasserspiegel kräuselt). Mag das auch erst nach vierzig Minuten geschehen. Und mag dann auch dieser gekräuselte Denkspiegel durch das Ende der Stunde umgekippt und ausgegossen werden: man nehme diesen Abbruch als unabwendbares Naturereignis gelassen hin. Wenn es dann nach 3 oder 7 Tagen, in der „nächsten Stunde", so aussieht, als sei man keinen Schritt weiter gekommen (denn alles scheint vergessen), so lasse man sich nicht irre machen. Nichts ist umsonst. Man beginne in dieser zweiten Stunde von neuem (nicht zu reden, sondern zu „exponieren"), als sei es zum ersten Mal. Vielleicht kehrt jene Nachdenklichkeit diesmal schon nach dreißig Minuten wieder. (Man wird sich nicht langweilen: es ist höchst interessant, wie „es" wiederkommt, immer früher, immer etwas anders, intensiver und erkannter). Daß man nicht weiterkomme, ist nicht richtig, das merkt man bald. Man kommt zwar *nicht* weiter in der scheinhaften Erledigung von Lehrbuchseiten. Aber der „Denkdruck" steigt. Der Kondensationspunkt produktiver Prozesse nähert sich. Obwohl der Stoff-Pegel zu stehen scheint. Nichts wäre hier hinderlicher, als „mitreißend" oder „faszinierend" sein zu wollen.

Irgendwann, nach Tagen, wird dann der Augenblick gekommen sein, in welchem der Aggregatzustand der Gruppe sich ändert. Die Oberfläche läßt Strömungen erkennen.

Es ist nicht leicht, die damit überstandene erste Phase der „Verzögerung" und der „Rückschläge" (so meint man) ohne Ungeduld zu ertragen und die Ursache weder bei den Schülern noch bei sich selber zu suchen, sondern in der zeitlichen Verstückelung des Unterrichts zu *erkennen*.

Es gibt ein Kennzeichen dafür, daß dieses erste Stadium überwunden ist: die Frage des Lehrers, gestellt zu Beginn der Stunde, braucht nun nicht mehr zu sein: „Erinnert ihr euch noch an die vorige Stunde? Erinnert sich *einer* von euch noch an *irgend* etwas?. Sondern es genügt dann zu sagen „Was nun?", um das Gespräch beginnen zu lassen. — Im Epochenunterricht wird es immer so weit kommen. Im Kurzstunden-Notstand wenigstens bei einigen Schülern. Sie können dann andere anstecken.

5. Man führe das Gespräch sokratisch, etwa im Sinne *Leonard Nelsons*. Zwar nicht — wie gesagt — *so* rigoros, wie er ältere Studenten der Philosophie herannehmen konnte (das erzeugt bei Jugendlichen begreifliche Aggressionen), aber doch möglichst schweigend und zuhörend; geduldig wartend, nicht passiv und nicht hart, sondern mit vertrauender stützender Geduld, mit (unsichtbarem) „Harren" (wenn ein fast theologischer Ausdruck erlaubt ist.) — Zuerst muß man ja erreichen, daß die Schüler *miteinander* reden und nicht immer auf den Lehrer schielen, wenn sie etwas gesagt haben; ein trauriges Ergebnis unsrer Schule, das bei referierenden jungen Studenten fast durchweg zu beobachten ist. — Das Wichtigste: daß *allen* klar ist, *worüber* gedacht und geredet wird. Andernfalls — und dieser Fall ist heute bei unseren Klassenfrequenzen für ich weiß nicht wieviele (auch begabte) Schüler die Regel — andernfalls können wir uns nicht wundern, wenn *nicht* gedacht wird. Deshalb wird man, nach *Nelsons* Vorbild, immer wieder Fragen folgender Art stellen: Worüber sprechen wir jetzt? Was wollten wir eigentlich herausbringen? Sind wir weiter gekommen? Wer ist einverstanden mit dem, was er eben gesagt hat? Hast du selbst verstanden, was du eben gesagt hast? Sag es noch einmal anders. Hat ein anderer verstanden, was er gemeint haben kann? — Und so fort, bis fast alle verstanden haben. — Dies zu erreichen ist eine Aufgabe nicht des Lehrers allein (wenn auch er es ist, der zu dieser Aufgabe *führt*), sondern die gemeinsame Arbeit aller. Solang unser Unterricht unter Stoff- und Zeitdruck steht, kann kein Denk-Druck aufkommen und der Lehrer muß sich von dieser Aufgabe dispensiert fühlen.

Und die Eltern gar, besonders die deutschen, sind schon ganz daran gewöhnt, die Schule für ein Wettrennen zu halten, bei dem die „Guten" von den „Schwachen" oder „Schlechten" nicht „aufgehalten" werden dürfen. Sie sehen das Miteinander-Arbeiten als ein Unwesen an, bei dem der „Bessere" nur Zeit verliert, indem er den

Dummen „hilft", und auch dem Lehrer hilft, *dessen* Sache das doch eigentlich wäre. Sie ahnen nichts von dem, was ein „Helfender" gewinnt. Man kann ihnen keinen Vorwurf machen, da unsere Schule den Schnellen mit dem Begabten zu verwechseln nahelegt und das Überholen belohnt.

Den Kindern kann man diesen Konkurrenz-Wahn ganz gut abgewöhnen. Sie erwärmen sich für das Miteinander-Denken, sie erfahren wie befreiend es ist, und Kräfte (weil Freude) auslösend, wenn man nicht mehr aus Ehrgeiz und Notenfurcht „arbeitet", sondern wenn es in einem aus *sachlichen* Motiven zu arbeiten anhebt.

Mag das Ziel auch so unerreichbar scheinen wie der Weltfriede, so utopisch wie die Gesundheit: Der Unterricht sollte dahin wenigstens seine *Richtung* nehmen, daß jeder einzelne Schüler sich mit verantwortlich fühle dafür, daß *alle* verstehen.

*Anhang II**

Es gibt noch einen zweiten, weniger harten und weniger auffälligen Weg, sich dem genetischen Lehren wenigstens anzunähern.

Er verzichtet auf den Epochenunterricht und auf das im Anhang I beschriebene Widerstands-Verhalten. Er läßt sich im heute üblichen Schulalltag als vorbereitende aber schon recht wirksame Richtlinie einhalten. Dafür müssen allerdings das „exemplarische Prinzip" und die „sokratische Methode" zurücktreten. Es entstehen so einige genetische Faustregeln für die zeitliche Reihenfolge. Sie haben alle die Form „Erst dies — dann jenes".

Damit werden aber nicht Lehr-„Stoffe" geordnet, sondern Stufen des Anstieges zum Verstehen.

Es geht bei dem Verfahren, das die folgenden Regeln beachtet, um mehr als um das Sicherstellen von Richtigkeiten (das sich mit dem „Kapieren" genug sein läßt), sondern um das Aufkommen von Einsichten. Verstehen heißt: Selber einsehen, „wie es kommt".

---

* Das wünschenswerte Einarbeiten von Beispielen würde den Anhang II zu einem besonderen Aufsatz ausdehnen, der noch nicht geschrieben ist. Ich gebe stattdessen hier Hinweise auf Beispiele in meinen Büchern:
Natur physikalisch gesehen, 5. Aufl. Braunschweig 1975, (Abkürzung: N), Die Pädagogische Dimension der Physik, Braunschweig 3. Aufl. 1971, (Abkürzung: D) — Ursprüngliches Verstehen und exaktes Denken, Stuttgart, 2. Aufl. 1970, (Abkürzungen: UI für Bd. I, UII für Bd. II.)
Nach den Abkürzungen folgt die Seitenzahl.
1. Regel: D 48, 70 ff; UI 430 f; UII 25 ff; 110 ff; 136 f.
2. Regel: N 59 f; D 48 ff, 70 ff; UII 25 ff, 110 ff.
3. Regel: D 51 ff, 180 ff; UII 46.
4. Regel: D 57, 191 ff, 276 ff, 294 ff; UI 92 ff, 239 f; UII 110 ff.
5. Regel: D 36 f, 260 f; UI 504 ff.
6. Regel: D 208; UI 67 ff, 80 f, 423, 425.
7. Regel: D 209 ff; UI 487 ff; UII 99 ff, 158 ff.
8. Regel: UI 339, 340 f.
9. Regel: D 93, 209; UI 350, 378, 426.

1. Regel (die wichtigste und für alle Fächer gültige):

Nicht immer: *Erst* das Selbstverständliche, Einfache (und Langweilige),
dann: allmählich das Schwierigere,

sondern oft: *Erst etwas Erstaunliches, also schon (doch nicht allzusehr) Kompliziertes, Problematisches vor den Schülern ausbreiten,*
dann: in diesem Problematischen in produktivem Denken ein Verständlicheres, Gewohntes erkennen lassen, auf dem es „beruht" (im „Fremden" einen „alten Bekannten" wiedererkennen).

Denn der Lehrende kann dem Lernenden das Verstehen nicht abnehmen oder vormachen. Wirkliches Verstehen ist ein Akt, den der Lernende selbst vollziehen muß; und auch will, vorausgesetzt, daß seine Lust am Verstehen *sachlich motiviert* ist, das heißt von dem vorgelegten Problem herausgefordert wird.

(Etwas schlagworthaft: Der Schüler soll nicht (und will nicht): sich etwas einfüllen lassen, sondern er soll sich etwas einfallen lassen können.)

2. Regel (für Naturwissenschaften):

Erst das Natur-phänomen, dann das Labor-phänomen.

3. Regel (für Naturwissenschaften):

Erst „qualitativ", dann quantitativ.

4. Regel (Für Naturwissenschaften):

Erst das Phänomen, dann die Theorie und die Modellvorstellung.

5. Regel (für die Technik):

Entweder: Erst die Entdeckung, dann die Erfindung,

Oder: Erst: der fertige (aber gerade noch durchschaubare) Apparat,
Dann: das „Ausgraben" des „Natürlichen" in ihm.

6. *Regel* (für alle Fächer, in denen Denk-Automatismen auftreten; in der Mathematik: Kalküle; in der Physik: Allgemeine Prinzipien, Gesetze, Formeln; in den Sprachen: Grammatik, Interpretations-schemata und so fort):

Erst den Einzelfall anwesend sein lassen und mit den einfachsten, seiner Besonderheit zugewandten Denkmitteln verstehen (sozusagen mit den „bloßen Händen", mit dem „gesunden Menschenverstand"),
dann: ihn, falls nötig, nach allgemeinen Regulativen entscheiden (mit „Werkzeug").

7. *Regel* (für alle Fächer; verwandt mit Regel 6):

Erst die Muttersprache, dann die Fachsprache (und immer wieder auch zurück zur Muttersprache)

Nicht also: die Muttersprache als ein zu Ersetzendes, oder gar Auszumerzendes ansehen, sondern als ein ganz Auszuschöpfendes und doch Bleibendes, neben und unter der Fachsprache. Die Muttersprache ist die Sprache des Verstehens, die Fachsprache besiegelt das Ergebnis in einem letzten Arbeitsgang.

8. *Regel* (für alle Fächer):

Nicht: erst die Schnellen (die „Zugpferde") gewinnen, dann die Langsamen nachschleppen. Denn die Schnellen sind ebenso wenig immer die Klugen wie die Langsamen immer die Dummen sind.
Sondern: *Erst die Langsamen, dann die Schnellen.*

Das kann leicht mißverstanden werden. Es bedeutet nicht etwa: nur mit den Langsamen arbeiten und die Schnellen langweilen, aufhalten und ungeduldig werden lassen. Es bedeutet: das Gespräch aller miteinander so führen, daß das Verständnis der Schnellen (oft Voreiligen und Oberflächlichen) sich an den Nachdenklichkeiten der Langsamen (oft nur Bedächtigen und Besonnenen) mißt.

9. *Regel* (für alle abstrahierenden Fächer, besonders die Naturwissenschaften und die Mathematik, und bei Koedukation in Gruppen, die nicht Altersklassen sind)
   Erst die Mädchen, dann die Jungen

Das heißt nicht: langsam, damit die (in Mathematik und Naturwissenschaften als unbegabt verschrieenen) Mädchen „mitkommen", sondern: die Mädchen dafür sorgen lassen, daß die Jungen die Abstraktionen nicht abspalten statt sie anwachsen (ausgliedern) zu lassen.

„… Beide unterrichteten Mathematik, ein Fach, das für mich ein faszinierendes Geheimnis war und geblieben ist. Ich weiß, ich würde es begreifen, wenn ich nur dahinter käme, worum es sich eigentlich handelt."

Mary Stolz
(Die Außenseiterin, Arena Taschenbuch 1154, S. 13)

„Es wäre eine Frage, was wohl im gemeinen Leben am geschicktesten sei, die Menschen auf wichtige geometrische Sätze zu führen. Gewiß ist es, daß man nicht von der geraden Linie darauf gekommen sei…"

G. Chr. Lichtenberg
(Schriften und Briefe I, Hanser, München 1968, S. 11)

Entdeckung der Axiomatik[*]

> „Wissenschaftlich unterrichten kann nur heißen, den Menschen dahin bringen, daß er wissenschaftlich denkt, keineswegs aber ihm von Anfang an mit einer kalten wissenschaftlich aufgeputzten Systematik in's Gesicht springen."
>
> *Felix Klein*
> (Elementarmathematik, I, 1924, S. 290)

1. Einführung

Daß Seltsames aus Selbstverständlichem ohne Rest verstanden werden kann (und sogar vieles Seltsame aus demselben Bestand von wenigen Selbstverständlichkeiten), diese griechische Einsicht ist eine Entdeckung. Sie sollte auch in den Schulen, bevor sie euklidisch benutzt wird, als sokratisch geführte Wieder-Entdeckung auftreten.

Dabei braucht nicht der Lehrer der Antreiber zu sein, der den Fluß des Verstehens-Prozesses in Gang hält. Er kann sich den Ufern vergleichen, zwischen denen jener Fluß seinen Weg sucht, bewegt allein vom Problem. **A**

Es gibt tatsächlich motivierende Initial-Probleme der Geometrie. Sie wirken auf den von allen geometrischen Vorkenntnissen freien Anfänger im Sinne zweifelnder Bewunderung: „Zu schön um wahr zu sein!"

Das folgende Beispiel möchte zeigen, wie die Vermutung, daß der Radius eines Kreises sich, wie es seltsamer Weise zu sein scheint, genau sechsmal in der Peripherie herumspannen lasse, sich in Gewißheit verwandeln läßt durch Reduktion auf allein das dem Anfänger selbst-

---

[*] Dieser Aufsatz erschien im Heft 1/1974 der Schriftenreihe „Der Mathematikunterricht" (Klett, Stuttgart) und wird hier mit der freundlichen Erlaubnis des Verlages und der Schriftleitung übernommen. (Das Thema des Heftes ist „Genetisches Lehren im Geometrieunterricht") — Ein Vorläufer dieser Betrachtung, an einen breiteren Leserkreis gerichtet, ist enthalten in der Festschrift zu O. F. *Bollnow*s 65. Geburtstag (W. Kohlhammer, Stuttgart, 1968). — Man findet ihn auch im Band II meines Buches „Ursprüngliches Verstehen und exaktes Denken", Klett, Stuttgart, 1970, S. 135—148. — Er kann zur Ergänzung dienen.

verständliche „Translations-Axiom" (das den euklidischen Raum charakterisiert).

Nebenbei wird eine Liste geeigneter „Ufer"-Hilfen des Lehrers angelegt.

Sie und das angewandte Such-Verfahren erweisen sich als übertragbar: auch andere geometrische Merkwürdigkeiten (wie die Sätze von *Thales* und *Pythagoras*) werden durchschaubar durch Zurückführung auf **B** dasselbe Axiom.

Euklid oder *Sokrates?*: Beide! Aber die Möglichkeit einer axiomatischen Darstellung will zuerst sokratisch entdeckt sein.

2. *Genetisches Prinzip: Wissenschaftsorientierung durch Wiederentdeckung*

Die griechische Erkenntnis, daß man die Sätze der Mathematik begründen und voneinander ableiten kann, ist eine Entdeckung, die nicht selbstverständlich ist: „Die Erkenntnis, daß man die Sätze der Mathematik begründen und voneinander ableiten kann, verdankt man den Griechen. Erst mit dieser Einsicht wurde die Mathematik zu einer wirklichen Wissenschaft, d. h. zu einer vom speziellen Beispiel losgelösten Erkenntnis von allgemeiner Gültigkeit. In der kurzen Zeitspanne von zwei Jahrhunderten zwischen *Pythagoras* (um 500 v. Chr.) und *Euklid* (um 300 v. Chr.), in deren Mitte *Plato* steht, haben die Griechen diese gewaltige Geistesarbeit geleistet . . ."[1]. Es gibt Wissensbereiche — etwa die historischen — denen Derartiges fehlt. In der Physik haben wir zwar die Newtonsche Mechanik. Aber aus ihr kann nicht einmal die Existenz elektrischer Phänomene geschlossen werden. Wenn ein Unterricht „wissenschafts-orientiert" sein will, dann sollte eine fundamentale Entdeckung in ihm auftreten als das was sie ist, eine Entdeckung. Man kann kaum umhin, bei dem Wort „orientiert" nicht an das „Aufgehen" der wissenschaftlichen Gestirne zu denken. Eine Entdeckung wird am wirksamsten durch ihren nicht-rezeptiven Nachvollzug verstanden und behalten; durch eine, sei es auch nur

---

1 (vgl. *K. Strubecker*, „Mathematik als Hilfsmittel der modernen Erfahrungswissenschaften". Physikalische Blätter, 1960, S. 157).

bescheidene „Wiederentdeckung". So definieren *Freudenthal* und *Wittenberg* unabhängig voneinander das genetische Prinzip.

Wer gar der Überzeugung ist, daß in der Demokratie der Schulunterricht in erster Linie (nach Rang- und Zeitfolge) für den potentiellen *Laien* da ist, der muß wünschen, daß jeder ein Anrecht habe auf die Einsicht, woher denn Mathematik „kommt", und daß sie einem jeden aufzugehen vermag.

Eine große wissenschaftliche Leistung kann zu einem didaktischen Verhängnis werden. So hat der Mathematiker *Euklid* den Pädagogen *Sokrates* in eine Ecke gedrängt, in eine zwar vornehme aber für den Lehrer anspruchsvolle, unbequeme Ecke; und entsprechend *Newton* den noch dialogisch lehrenden *Galilei*. Seit *Euklid* haben so scheint es, die Entdecker eine Scheu zu sagen „wie sie darauf gekommen sind". Sie zeigen sich lieber als Sieger denn als Sucher. So haben sie es schwer, gute Lehrer zu werden. Sie deduzieren gern, denn da kann, wenn alles stimmt, keiner widersprechen und jeder „kann folgen". Er wird nur gefragt „Kommen Sie mit?", und nicht „Fällt Ihnen zu dem Problem etwas ein?" Er gewöhnt sich ab zu fragen: „Wie sind Sie darauf gekommen?"

Es geht also um „Wieder-Entdeckung". „Wiederentdeckung unter Führung"; „Wiederentdeckung einer Wissenschaft von Anfang an". Der Zusatz *Freudenthals* „unter Führung" ist zwar selbstverständlich, aber nicht unnötig für solche, die bereit sind mißzuverstehen, als könne gemeint sein, die Schüler „sollten alles allein entdecken"[2].

3. Sachliche Motivation

Der Lehrer in Person ist dabei nötiger als bei jedem anderen Verfahren. Und die Frage, die in das folgende Beispiel mit hineingenommen werden soll, ist diese: Wie kann er es erreichen, daß
a) nicht er, der Lehrer, das Problem stellt, sondern daß es sich selber „stellt" aus einem vom Lehrer vorgelegten, (exponierten) Material?

---

2 (vgl. *Freudenthal*, Was ist Axiomatik und welchen Bildungswert kann sie haben? Der Mathematikunterricht, 1963/4, S. 14; *Wittenberg*, A. I.: Bildung und Mathematik, Stuttgart, 1963, S. 67).

b) nicht der Lehrer der Antreiber ist, der den Verstehensprozeß in Fluß hält, sondern daß er gleichsam die Ufer bildet, zwischen denen dieser Prozeß, möglichst allein vom Problem getrieben, weiter sucht?

c) daß der Lehrer (also) nicht die Antwort stückweise preisgibt (etwa: „Was siehst du, wenn du *A* mit *O* verbindest?" oder „Vergleiche die Dreiecke I und II!"), sondern nur durch allgemeine (an das spezielle Problem nicht gebundene, „transferierbare") „Regeln zur Leitung des Geistes" (möchte man in Anlehnung an *Descartes* sagen) den suchenden Schülern „beisteht".

Kurz: beim „genetischen" Lehren hat die „sachliche Motivation" den Vorrang.

Wir sind in den Naturwissenschaften und in der Mathematik in der glücklichen Lage, daß es hier für den Anfänger, den noch Unwissenden, wirklich rein sachliche Motivation gibt, erste Beweggründe des Denkens, Initial-Motivationen (nicht nur „Interessierendes" oder gar vom Lehrer interessant Gemachtes).

In den besten solcher problematischer Situationen braucht der Lehrer nur das geeignete Phänomen (eine Figur, ein Tun, ein Geschehen) stumm zu exponieren, und das Problem erhebt sich daraus von selbst und „ruft" fast jedem Betrachter zu (wie *Hilbert* es formuliert haben soll): „Hier bin ich. Suche die Lösung![3]

4. Initialprobleme der Physik

Für den Bereich einer keimenden Physik sind solche Initialphänomene leichter zu finden als in dem der Mathematik. Wenn eine rollende Kugel (oder gar ein mit Menschen besetzter Wagen) am höchsten Ort einer Looping-Bahn nicht stürzt, so ist das für den Naiven „seltsam" und beunruhigend.

Wenn man ein Glas unter Wasser füllt, und dann, die Öffnung nach unten kehrend, zum Teil heraushebt: warum fällt das Wasser nicht heraus, wie es sich gehört?

---

3 Nach *Leonard Nelson:* Die sokratische Methode. Siehe S. 140 des vorliegenden Buches.

„Wie es sich gehört" das heißt: wie sonst immer; wie wir es gewohnt sind. Wir nennen derartiges „Seltsam", weil es selten ist. Wir sagen es sei „sonderbar" oder „absonderlich", da es abgesondert, außer der „Reihe", erscheint.

Das, was hier ein Stutzen, Nachdenken, Eingreifen motiviert, ist also mehr „Beunruhigung" als „Staunen". Die Ordnung ist gestört, das Vertrauen erschüttert, es muß wieder hergestellt werden. Das zeigen deutlich die Erfahrungen schon an Vorschulkindern[4].

5. Initialprobleme der Geometrie

Auf dem Vorfeld der Mathematik scheinen die Auslösungen zum Teil ebenfalls aus Beunruhigungen hervorzugehen: Fast alle Zweijährigen äußern höchste Verwunderung darüber, daß der Mond „immer mitgeht". Die Befremdung über solche (parallaktischen) Phänomene der geometrischen Optik kann sich bis fast zur Panik steigern, wenn entfernte Bäume „davongehen"[5].

Weiter „oben" in der Mathematik gibt es die natürlich sehr beunruhigende „Sache mit der Quadratwurzel aus 2". Aber sie liegt schon C nicht mehr im „Erdgeschoß", worauf ich hier das *streng* „genetische" Vorgehen beschränken möchte.

In vielen Fällen, wenigstens der Geometrie, scheint der Auslöser aber nicht Beunruhigung (Verwunderung), sondern eine mit Zweifel gemischte Bewunderung für eine auffallende Vollkommenheit zu sein; als fragte man: Ist das nicht „zu schön, um wahr zu sein?" D

So, daß die drei Mittellote eines jeden Dreiecks in rätselhaftem Einvernehmen auf denselben Punkt streben, nicht anders die Winkelhal- E bierenden (*Einstein* spricht einmal von dem Erstaunen, daß er als Kind darüber empfand), und daß auch die drei Winkel „voneinander F wissen".

So auch das Thema der vorliegenden Betrachtung: Der Radius des

4 Näheres in: M. *Wagenschein*, A. *Banholzer*, S. *Thiel*: Kinder auf dem Wege zur Physik, Klett, Stuttgart: 1973, S. 10—16; 43.

5 *Wagenschein — Banholzer — Thiel*, a.a.O., S. 43.

Kreises läßt sich, wie es scheint, gerade sechsmal in der Peripherie herumspannen[6].

Nach dem, was mir Studenten berichten, scheinen Küfer, die große Fässer herstellen, auf folgende Weise zu prüfen, ob die Öffnung auch *kreis*rund ist: Man spanne ein Seil über die leere Öffnung hinweg bis zum fernsten gegenüberliegenden Punkt des Randes, lege dann das Seilstück einmal in sich zusammen, nehme die gewonnene Hälfte zwischen die Hände und spanne sie, immer gerade gezogen, innen am Rande herum, bis man zum Ausgangspunkt zurückgekommen ist (oder nicht).

G Oder das *Thales*-Phänomen, auszumalen an der halbkreisförmigen Sitzreihe eines Amphitheaters: An jedem Ende steht ein Mensch. Ein dritter hat in der Reihe irgendwo Platz genommen und wendet den Blick von dem einen der beiden zum anderen: Eine Viertel-Umdrehung? Und wo in der Reihe er auch sitzt? Ist es wahr? Und „genau"? Um durch solche Fragen ernstlich bewegt zu sein, muß man natürlich ein gewisses Alter und viele räumliche Erfahrungen hinter sich haben. — Und mir will außerdem scheinen, es wäre gut, mit eigentlicher Geometrie vorher noch nicht beschäftigt worden zu sein. (Wohl aber viel mit spielendem Malen, Zeichnen, Basteln, Bauen und Klettern in Bäumen.)

6. Reaktionen von Unterrichteten

Auf diese Vermutung, auf den Sinn des Unterrichts überhaupt, kann man kommen in Gesprächen mit Erwachsenen, auch mit Studenten aller Fachbereiche, die traditionellen Mathematik-Unterricht in der Schule schon „gehabt" hatten. Fragen wir sie nämlich (angesichts der Figur): „Finden Sie das eigentlich nicht merkwürdig, daß der Radius sich innen an der Peripherie gerade sechsmal herumspannen läßt? Oder stimmt es gar nicht genau?", so kann man folgende Reaktionen hören:

---

6 Über die Gedanken von Kindern bei „Zirkelspielen", die sich hier anschließen, siehe: 1. O. F. *Bollnow*, frühe Kindheitserinnerungen, in: Einfache Sittlichkeit. Göttingen: 1947, S. 205 und 2. M. L. *Kaschnitz* in: Tage, Tage, Jahre. Fischer-Bücherei, Nr. 1180, S. 50f.

„Nein, das ist so, das hatten wir schon in der Schule." Oder: „Mit dem dicken Stift ist's nicht genau. Aber . . . mir reicht's". Oder: „Genau? **H** Ich weiß nicht. Da war so etwas mit 3,14. Ist es das?"

Interessant ist nun in unserem Zusammenhang besonders das, was frühere „gute" Mathematik-Schüler und Mathematik-Studenten, nach kurzem Nachdenken sagen: „Ja, natürlich genau. Und es ist auch klar, warum: Wenn Sie die Radien zu den Außenpunkten zeichnen, haben Sie gleichseitige Dreiecke. Da bekanntlich die Winkelsumme im Dreieck 360° beträgt, hat hier jeder Winkel 60°, und 6 mal 60 gibt ja 360!"

7. Bewältigen oder durchschauen?

So sehr das zutrifft: ich möchte versuchen zu sagen, warum mir dabei nicht wohl ist, im besonderen wenn auch künftige Laien in der Schule nur solche Beweisführungen lernen: Das Erstaunliche („daß es sechsmal geht") kommt ohne Zweifel gerade daher, daß die entstehenden Dreiecke gleichseitig sind. Ist es ein guter Stil, auf das beliebig schiefe Dreieck zurückzugreifen und den allgemeinen Satz von der Winkelsumme in ihm (als ob man ihn wissen müßte, um das Erstaunliche zu klären!) als übergeordneten Machtspruch anzurufen, nur um seine Aussage dann sogleich wieder auf das besondere, das gleichseitige Dreieck zu reduzieren? Dazu kommt, daß, wer so argumentiert, und nicht gerade ein richtiger Mathematiker ist, in den Satz von der Winkelsumme gar keine volle Einsicht mehr hat. Er „weiß" ihn eben, kennt ihn als „Werkzeug". Deshalb durchschaut er das, was klar werden soll, nicht „bis unten hin", sondern nur bis auf dieses Werkzeug hin. Was der kenntnisfreie und damit auch vorurteilsfreie Laie erwartet, ist: das Problem durchschauen aus den Gegebenheiten, die in dieser den Effekt („Sechs") hervorbringenden Figur enthalten sind, und aus keinen anderen. Ebenso unnötig „hergeholt" wie der Winkelsummensatz ist es, hier überhaupt von „Winkel", von „Grad", von 360° oder 60° zu sprechen. Denn von alledem braucht man nichts zu wissen, um das hier und jetzt vorliegende Problem vollständig zu klären.

Anfangs ist es bisweilen nicht leicht, einem Mathematik-Studenten klarzumachen, was man mit diesen Einwänden meint. So sehr ist er gewohnt, ein Problem nicht aus den speziellen Umständen heraus zu verstehen und zu durchschauen, die es konstituieren, sondern es mit Hilfe eines Vorrats grundlegender und allgemeiner Standardkenntnisse (an denen kein Zweifel mehr aufkommt, einem Werkzeugkasten vergleichbar) zu bewältigen und zwar schnell. Dieses Ziel ist für den Berufs-Mathematiker und den Physiker, den Techniker legitim. Für den Laien keineswegs. *Er hat nicht zu bewältigen, aber er hat ein Anrecht, den Einzelfall bis auf den Grund zu durchschauen, um zu erkennen, was Durchschauen und Verstehen in der Mathematik bedeutet.*

Wird es deutlich, wie problematisch es ist, wenn wir Mathematiklehrer erst einmal als Mathematiker ausbilden, ohne schon sofort und innermathematisch, an seine Aufgabe zu denken, ein Lehrer zu werden?

Um es, der Wichtigkeit wegen, noch einmal anders zu sagen: Für den Schüler und späteren Laien ist das Beweisen durch Rückgriff auf irgendwann schon einmal Bewiesenes nicht das, was wir ihm wünschen dürfen. Was man sich als Laie, vor ein mathematisches Problem gestellt, wünscht, ist die Einsicht, die durchgehende (und möglichst selbst gefundene), die wie ein Blitz das Ganze bis auf den Grund durchschauen läßt, vom Problem aus bis zum Selbstverständlichen. Das ist qualitativ etwas ganz anderes als jenes Nachahmen des fachmännischen Beweisens, das dem Laien als ein Durchschreiten von verschiedenen Räumen erscheint, die er alle nacheinander passiert hat, daß er sie gesehen hat quittiert, und hinter sich abschließt, bis er am Ende, in einem letzten Raum zugeben muß vor der Lösung zu stehen.

In der Physik ist es noch deutlicher: Vor die Frage gestellt nach dem im obersten Punkt der Looping-Bahn nicht abstürzenden Wagen (siehe S. 108) pflegt der Physikstudent, auch wenn er Lehrer werden will, erst alle seine allgemeinen Kenntnisse über das Beharrungsgesetz, die Schwerkraft und Zentrifugalkraft in sich antreten zu lassen. — Unnötig: Man bleibe hart am Problem und den speziellen Gegebenheiten: Denkt man die Schiene am obersten Punkt abbrechend, so würde bei ausreichender Geschwindigkeit der Wagen ja auch nicht senkrecht herabstürzen, sondern wie ein Stein weiterfliegen. Seine Geschwindigkeit im obersten Punkt muß nur so groß sein, daß seine Wurfkurve außerhalb der (nicht abbrechenden) Schiene verlaufen würde. (Der Naive hält die Schiene für das Führende und Haltende.) — Da wir uns über den geworfenen Stein nicht wundern, ist die Beunruhigung über die Insassen des Wagens ebenfalls verflogen. Der absonderliche Fall ist reduziert auf einen harmloseren, gewohnten, er ist „beigelegt", verstanden. Verstehen ist immer relativ. (Erst später — die Ansprüche steigen — wird dann auch der Steinwurf problematisch.)

8. Die Sokratische Methode

Bei dem im Folgenden angedeuteten Wieder-Entdeckungs-Prozeß stelle man sich eine kleine (nicht mehr als 20 Teilnehmer umfassende) Gruppe vor: Heranwachsende oder Erwachsene, geometrisch Unwissende wie auch schon Unterrichtete, nicht zuletzt Mathematik-Studenten, die fähig sind (oder es werden wollen), zugunsten einer „Regeneration" ihre Kenntnisse wie hinter einen Vorhang eine Zeitlang abzulegen.

Die Form, in der das Gespräch wiederholt erprobt wurde, ist das Unterrichtsgespräch im sokratischen Sinne. Die „Führung", auf die der Lehrer sich beschränkt, ist in ihrer härtesten Form durch *Leonard Nelson* praktiziert und beschrieben worden[7].

„Seine (des Sokrates) pädagogische Größe liegt darin, daß er, ... die Schüler auf diesen Weg des Selbstdenkens weist und durch den Austausch der Gedanken eine Kontrolle einführt, die der Selbstverblendung entgegenwirkt" (S. 211). Nelson hat die unvollkommenen Anfänge der Methode radikal zur Vollendung geführt." ... hier hängt alles von der Kunst ab, die Schüler von Anfang an auf sich zu stellen, sie das Selbstgehen zu lehren, ohne daß sie dadurch allein gehen, und diese Selbständigkeit so zu entwickeln, daß sie eines Tages das Alleingehen wagen dürfen, weil sie die Obacht des Lehrers durch die eigene

---

7 L. *Nelson:* Die sokratische Methode. Siehe S. 140 des vorliegenden Buches.

Obacht ersetzen." (S. 215). Der Lehrer fragt nicht, noch antwortet er. Sein Beistand ist nicht fachspezifisch und beschränkt sich auf Anmerkungen folgender Art: „Wissen Sie noch, was Sie eben gesagt haben?" — „Was meinen Sie mit Ihren Worten?" — „Wer hat zugehört?" — „Wer hat verstanden, was eben gesagt worden ist?" — „Von welcher Frage sprechen wir eigentlich?" — Man kann diese Reihe fortsetzen: Was wollten wir eigentlich? Wie weit sind wir?

Entscheidend ist, daß diese Anmerkungen den Gedankengang nicht drängen, sondern im Gegenteil stauen. Also nicht ungeduldig (Blick auf die Uhr): „Noch eine Frage?", sondern nachdenklich: „Ich kann mir nicht denken, daß alle ja dazu sagen." Daß also der Lehrer überhaupt nicht auf schnelle Zustimmung, sondern auf Einwände hofft, ja den Mut hat und die Ruhe des Sokrates, „die nach Wahrheit Suchenden in die Irre gehen und straucheln zu lassen. Ja . . . sie in die Irre zu schicken." (Nelson S. 220) Der Lehrer wird deshalb sogar (ich weiß nicht, ob Nelson das getan haben würde) jetzt fachspezifisch (über die Sache mitredend) die Rolle des Verunsichernden annehmen dürfen. (Wobei seine Gesamthaltung und das Einvernehmen der Gruppe es ausschließen müssen, an selbstgefällige List zu denken.) Die Nelsonsche Strenge in der Schule durchzuhalten, ist für alle Beteiligten anspruchsvoll und rigoros, sie kann schon unter fortgeschrittenen Studenten, wie Nelson selbst sagt, eine „Nervenprobe" werden. Wir werden deshalb mehr und spezielleren Beistand geben als er, etwa in der Art Polyas[8]. „Was ist unbekannt? Was ist gegeben?" „Hast du alle Daten benutzt?" — Eine seiner Regeln benutze ich dagegen nicht: „Kennst Du einen Lehrsatz, der förderlich sein könnte?" Denn das ist eine Regel schon für Fortgeschrittene, ich beschränke mich hier auf Anfänger oder solche Wissende, die lernen wollen, sich wieder an den Anfang zurückzuversetzen (Lehrer also). Das Ziel, von dem hier die Rede ist, ist nicht das Aufgabenlösen des Mathematikers und auch nicht das des Amateurs. (Bei den Aufgaben, die man hinten in der Zeitschrift „Archimedes" findet, üben sich Mathematiker und auch Amateure, um in ihren Kenntnissen und Fertigkeiten fit zu bleiben.

---

8 G. *Polya:* Schule des Denkens (How to solve it). Bern: 1949. Sammlung Dalp, Bd. 36, Vorsatzblatt.

Das meine ich nicht, ich denke an den künftigen Laien und sein Anrecht, an einigen Beispielen zu durchschauen, was es in der Geometrie
heißt, aus dem Seltsamen das Selbstverständliche zu machen. Natürlich ist das ein Teilziel auch für den späteren Mathematiker.)
Ich bin also nicht der Meinung, man müsse als Laie viel Mathematik
„können", um Mathematik zu verstehen. Ich vermute, daß der Miß-
erfolg des Mathematikunterrichts bei so vielen Laien eine Folge dieses
Vorurteils der Schule ist.

9. Die Idealität der geometrischen Figuren

Die Frage, ob „es genau sechsmal geht" setzt bei den Teilnehmern
eine gewisse Reifestufe voraus: es muß ihnen klar sein, daß der Kreis,
den wir zeichnen, nicht der Kreis ist, den wir meinen, sondern nur sein
körperlicher Stellvertreter. (Wer glaubt, es genüge, einen recht spitzen
Zirkelstift zu nehmen, braucht nur durch die Lupe zu blicken.) —
Ich weiß leider nicht genau, von welchem Alter an Kinder die Idealität
der geometrischen Figuren verstehen, habe mich aber immer gewundert, daß es recht früh so weit zu sein scheint. Andererseits habe ich
Mathematik-Studierende technischer Zielrichtung gefunden, denen
das noch nicht klar zum Bewußtsein gekommen war, in der Schule
nicht und im Studium nicht. Erst das Buch eines Mathematikers, nämlich A. *Rényi,* der diese Erkenntnis wichtig genug fand, einen ganzen
fiktiven sokratischen Dialog darüber zu schreiben, brachte sie zu
einem nachdenklichen „Ach ja . . .". *Renyi:* „Es liegt geradezu daran,
daß die (mathematischen) Gegenstände nicht wirklich, sondern nur in
dem Maße, als die Mathematiker sie denken, existieren, daß wir die
ganze Wahrheit über sie herausbringen können"[9]. Dieser Dialog sollte,
meine ich, in allen Schulen gelesen werden.

9 *Alfred Rényi,* Sokratischer Dialog. In: Neue Sammlung, 1966, S. 284
   bis 304, und in dem Buch: Dialoge über Mathematik, Budapest 1967,
   Deutsche Ausgabe: Birkhäuser Verlag, Basel 1967.

10. Die Formulierung der Frage

Der Zirkel wirkt auf Kinder und Naive fast schon wie ein magisches Instrument. Er „übersteigt" vornehm die Strecke, die er doch meint; er lenkt von ihr ab. Anfangs sollte sie sichtbar sein. Deshalb wählen wir ein Seil. Der Gegenstand unseres Nachdenkens ist die Abb. 1.

I

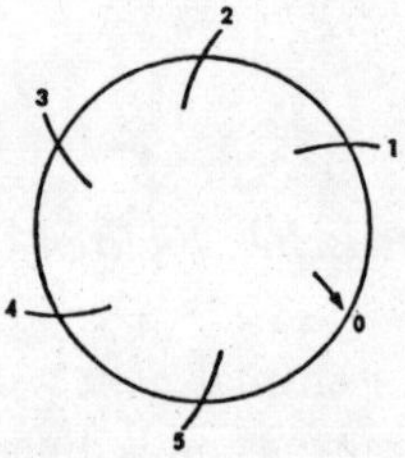

Abb. 1

„Es sieht ganz so aus", als ginge es „wirklich" und „genau" sechsmal. Hier kann die Diskussion um die Idealität der Figur, wenn nötig, wieder aktuell werden. Es wird klar, daß die Frage „empirisch" nicht entschieden werden kann. Schon eine Abweichung von 1 Promille würde bedeuten: nicht genau. (Wer hier sagt: „mir reichts!", hat Geometrie zu früh begonnen. Wer es lebenslang sagt, sollte durch sie nicht bedrängt werden.)

Schon die Frage muß von den Schülern formuliert werden. Man kann nicht vorher wissen, was sie sagen. Dazu gehört, daß auch ausgesprochen wird, warum hier etwas Verwunderliches, also Zweifel Erregendes vorliegt: Weil es auch „genau so gut" anders sein könnte. Warum nicht 5.98 mal? Nützlich ist der Vergleich mit der anderen Frage, wieviel mal der Radius (als Seilstück) außen herum*gebogen* werden kann? Offenbar nicht 6 mal. Offenbar mehr als 6 mal. Also dann 7 mal?

Das volle Verstehen der Fragestellung ist notwendig, um das Suchen zu motivieren. Dazu gehört, daß man[10] das „Problem ernsthaft ins Auge faßt", ohne Zeitdruck also, „nicht mit stückhaft verbissener

---

10 *Wertheimer*, M.: Produktives Denken. Frankfurt a. M.: 1957, S. 62, 78.

Sorgfalt", sondern „strukturell". „Erwartend", schreibt *Simone Weil*[11] („vor allem soll der Geist leer sein").

11. Das Anlaufen des Suchprozesses

Die erste „Ufer-Hilfe", die erste allgemeine Regel kann sich sofort ergeben, wenn ein Teilnehmer etwa das einwendet, was im letzten Absatz des Abschnitts 6 stand, und der Lehrer oder ein anderer Teil- **K** nehmer dann erwidert, was zu Anfang des Abschnitts 7 gesagt wurde.

Regel I: Benutze nur das, was wir in die Figur eingebracht haben (das „Ge- **L** gebene"), das aber vollständig. Sonst benutze nichts außer dem Selbstverständlichen.

Sollte dann niemand die Radien zeichnen, die zu den 6 Punkten führen, so kann die nächste Regel folgen:

Regel II: Alles Eingebrachte sollte sichtbar sein.

Dann werden die gespannten Seilstücke eingetragen werden und da man ihnen ja nicht ansieht, daß sie so lang wie die Radien sind, auch die beteiligten Radien. Schließlich wird es gut sein, allem, was gleiche Länge hat, auch dieselbe Farbe zu geben. Dann wird alles rot, nur der Kreis nicht. Es entsteht Abb. 2. (Wir zeichnen sie in ihrer Unsicherheit. Sie *muß* sich ja nicht schließen!)

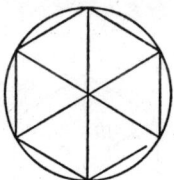

Abb. 2

Alles ist rot außer dem Kreis. Vielleicht genügt das für einen Teilnehmer, um ihn stumm wegzuwischen.

---

11 S. *Weil:* Über den rechten Gebrauch des Schulunterrichts . . ., zum Teil abgedruckt in meinem Buch „Ursprüngliches Verstehen und exaktes Denken. Stuttgart: Bd. I, 2. Aufl., 1970, S. 354 f.

Wahrscheinlich ist es aber nötig, daß der Lehrer die Regel empfiehlt:

Regel III: Können wir die Figur vereinfachen, indem wir etwas für die Frage Überflüssiges wegwischen?

Dann wird der Kreis sofort geopfert. Bisher die „Hauptperson"! Das deutet darauf hin, daß die ganze Sache vielleicht nicht so schwierig ist, wie man dachte. Denn das Geradlinige ist doch wohl immer leichter zu durchschauen als das Krumme.

Aber Regel III ist problematisch: Wie entscheidet man denn, was „überflüssig" ist?

Darüber wird lange gesprochen werden. Das Ergebnis: Entbehrlich ist das, dessen Preisgabe das Problem nicht antastet, so daß es unvermindert, unverkürzt bestehen bleibt. Der Rückweg muß offen bleiben. Aber: Das Problem muß neu formuliert werden in der „Sprache" der neuen Figur, als ob es nie einen Kreis gegeben hätte.

Regel III a: Nach jeder Vereinfachung der Figur ist das ursprüngliche Problem neu zu formulieren, und es ist zu prüfen, ob es unverkürzt dasselbe geblieben ist.

Nun hat man längst die gleichseitigen Dreiecke in der vom Kreis befreiten Abbildung 3 bemerkt. Gleichseitige Dreiecke, also selbstverständlich auch gleicheckige. (Denn wer in einer Ecke Platz nimmt, hat immer, in welcher er auch sitzt, die gleiche Situation vor sich: zwei gleiche Seiten rechts wie links und eine ebensolange gegenüber. Der Begriff des Winkels ist überflüssig. Es geht um Ecken.) Und wie lautet jetzt das Problem?

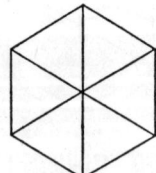

Abb. 3

Da sind gleichseitige Dreiecke. Von „Radius" und „Kreis" brauchen sie nichts mehr zu „wissen". Lassen sich gerade 6 von ihnen lückenlos rundum zusammenschieben? („Rundum": die letzte Erinnerung

118

an den „Kreis") Offenbar *ist* das die unverkürzte Frage. (Denn: tun sie es, so läßt sich der Kreis wieder um das Sechseck herumlegen, und die Frage ist auch für ihn beantwortet.)

Dieses Zusammenschieben muß unbedingt mit Pappdreiecken (als Stellvertretern) *getan* werden. Es „sieht so aus", als wäre das Gewünschte „selbstverständlich". Aber keineswegs: Mit 5 Dreiecken geht zwar alles zunächst zweifellos gut. Es entsteht eine Tafelrunde mit einem freien Platz. Das 6. Dreieck wartet draußen. Paßt es nun in die Lücke oder nicht? „Muß" es passen? (Abbildung 4)

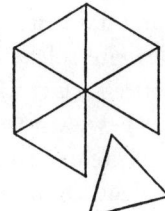

Abb. 4

Gelegenheit, zu verunsichern durch gespielte Sicherheit: Natürlich muß es passen, denn es paßt ja rechts und auch links. Was wollen wir mehr?

Eine Klippe der Formulierung. Sie darf nicht überrannt werden. Es genügt nicht, zu sagen, daß das 6. Dreieck „sowohl" rechts „wie auch" links genau „paßt". Es könnte den einen Nachbarn überdecken, während es bei dem anderen anliegt. Es könnte auch einerseits anliegen und drüben gar nicht zur Berührung kommen. (Der Schuh ist zu weit.) Man wird also etwa sagen: Wenn das 6. Dreieck auf der einen Seite anliegt, so muß es, ohne daß es verschoben wird, auch drüben anliegen. Besser wohl: Es muß genau *eine* Stellung des letzten Dreiecks geben, in welcher es zugleich links wie rechts anliegt. — Das ist nicht selbstverständlich, also zu beweisen: **M**

Unter den verschiedenen Vorschlägen, die jetzt kommen, wird wahrscheinlich auch der einfachste sein: *noch* einmal etwas zu opfern: Genügt nicht die halbe Figur?

Kommt diese Idee nicht (bisweilen erscheint sie schon vor der Preisgabe des Kreises), so kann der Lehrer ihr Auftauchen begünstigen durch eine neue allgemeine

Regel IV: Was einmal geholfen hat, das kann auch ein zweites Mal (oder bei anderer Gelegenheit) helfen.

(In ähnlicher Form findet sie sich auch bei *Polya.*)

Nun muß wieder nach Regel III a das Problem neu formuliert werden: Wenn wir drei der gleichseitigen Dreiecke aneinander schieben, so N ist es nicht selbstverständlich, daß sie mit einer Geraden abschließen. Tun sie es, dann ist alles gut. — Man kann auch anders fragen: Legen wir eine Gerade (ein Lineal) hin und setzen auf ihr zwei der Dreiecke nebeneinander, paßt dann das dritte genau in die Lücke? (Wenn ja, brauchten wir nur eine zweite solche Dreiergruppe anzugliedern und wir hätten, was wir hofften.) Der Leser könnte argwöhnen, es werde hier vorausgesetzt, was bewiesen werden soll. Es wird nun klar sein, daß die in sich gleitende Seite das „Lineal" ist.

Der Beweis wird also jetzt deutlicher, so lauten (zur Abwechslung einmal in der üblichen knappen Lehrbuch-Sprache): „Wird das mit dem Kreis-Radius als Seite gebildete gleichseitige Dreieck in Richtung einer seiner Seiten um deren Länge verschoben, so beschreibt jeder seiner Punkte, also auch seine Spitze, eine Strecke von dieser Länge. Das besagt, daß genau drei solcher Dreiecke längs einer Geraden lückenlos aneinander gelegt werden können."

Die zweite Fassung scheint eher als die erste zu einer einfachen Lösung zu führen. (Abbildung 5)

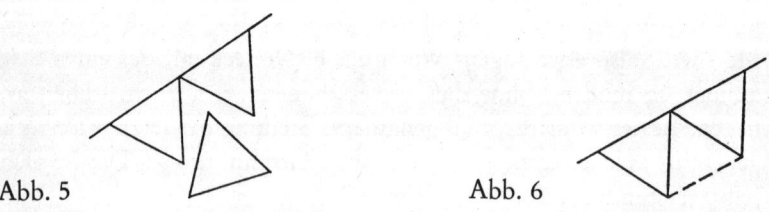

Abb. 5   Abb. 6

Man darf annehmen, daß bald einer sieht, worauf es ankommt: ob die Strecke, die die beiden Spitzen überbrückt, ebenfalls gleich der Dreieckseite ist. (Abbildung 6)

12. Der Einfall

Hier ist, scheint es, der Kulminationspunkt des Verstehensprozesses erreicht. Hier muß dem Betrachter etwas einfallen. Soviel ich sehe, ist keine „Ufer-Hilfe" möglich.

Es kommen, wie ich in verschiedenen Abläufen des Themas erfahren habe, mehrere Vorschläge, zunächst meist aus der Schule gewohnte: Höhen einzeichnen, die Figur ausbauen (auch das ist erlaubt). Es kommen aber auch höchst originelle. Ich werde im Anhang (Abschnitt 18) zwei nennen. (Sie sollen hier nicht verfolgt werden, weil sie kaum so leicht zu einer „Selbstverständlichkeit" (einem „Axiom") führen wie der folgende. Im Unterricht dürfen sie keineswegs deshalb einfach abgewiesen werden.)

Man kann diese Einfälle verfolgen, oder auch zurückstellen; jedenfalls darf man sagen, es gebe einen, einfacher als sie alle. (Zum ersten Mal hörte ich ihn von einem jungen Assistenten, der nicht Mathematik betrieben hatte, einer der sich mit Sprache beschäftigte und pädagogisch mit Schwachbegabten.) Der Einfall besteht darin, daß man die beiden Dreiecke, I und II, da sie doch dasselbe Dreieck sind, als *ein* Dreieck in zwei verschiedenen Lagen sieht: Nicht zwei Dreiecke, I und II, sondern *das* Dreieck, auf die Gerade gesetzt, dort skizziert, und dann längs dieser Geraden verschoben, bis es an die erste Lage angrenzt, also um die Seitenlänge. Das ist eine Umstrukturierung der Situation aus einer fixierten in eine bewegliche, Umsetzung in Handlung. Manche sehen nach diesem Gedanken auch sofort, wozu er gut ist.

Wenn nicht, kann man sagen: Stellen Sie sich dieses Schieben ganz langsam und eindringlich vor. Das ganze Dreieck, nicht bloß sein Rahmen, rutscht. Man mache es auf sandiger Ebene, rauh, daß es schrammt.

Dann kann es zu der Einsicht kommen: Alle Punkte des Dreiecks legen offenbar auf dem Sandboden dieselbe Spur zurück. Alle diese Spuren sind Strecken von gleicher Länge. Alle sind parallel. Und alle sind so lang wie die Dreiecksseite: man sieht es an den unteren Eckpunkten (Abbildung 7).

Also gilt dasselbe auch für die Spitze!

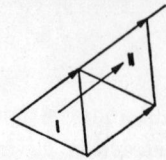

Abb. 7

Nicht jeder bemerkt sofort, daß damit das Ziel erreicht ist. Aber fast alle haben das Gefühl, zuletzt eine offene Tür eingerannt zu haben. Und so ist es auch.

13. Ergebnis

Es ist unbedingt notwendig, hier zu verweilen, und die Gruppe nun sich darüber aussprechen und klar werden zu lassen, was eigentlich geschehen ist. Sind wir fertig? Ist es nun sicher, (daß „es sechsmal geht")? Die Frage liegt schon weit zurück. Man muß den ganzen Weg noch einmal durchlaufen, hin und zurück: Die Parallelverschiebung geht immer. Sie ist selbstverständlich. Deshalb paßt das dritte Dreieck zwischen die beiden anderen, wie wir sahen. Deshalb sitzen drei Dreiecke fugenlos aneinander auf der Geraden. Deshalb kann man eine ebensolche Gruppe von der anderen Seite der Geraden heranschieben. Das Sechseck, das fugenlose, ist fertig. Durch seine Ecken führt ein Kreis. Sein Radius ist genau sechsmal in seiner Peripherie herumgespannt. Etwas ganz und gar nicht Selbstverständliches (daß es „genau 6 mal geht") ist damit „zurückgeführt" auf etwas ganz Selbstverständliches. Es „kommt von ihm" her. Es „hängt" allein von ihm „ab", „geht aus ihm" ohne Zutat „hervor". Ist also gleichsam dasselbe. Es „muß" so sein. Damit ist es nicht mehr seltsam.
Wir haben ein Beispiel vor uns für das nur in der Mathematik Mögliche eines vollständigen Verstehens. Das höchst Sonderbare wird trivial. (Ein Gefühl der Enttäuschung läßt sich nicht verhehlen, es unterläuft den Triumph.) — (Siehe aber Abschnitt 15, Letzter Satz.)
Um das Zugrundeliegende auf seine Selbstverständlichkeit noch einmal genau zu prüfen, ist es nötig, es scharf zu formulieren. Das macht große Mühe und ist ein interessanter Teil des Gesprächs. Am Ende wird etwa folgendes dastehen:

„Es ist in der Ebene in jeder Richtung möglich, ein Dreieck, ja jede Figur, so zu verschieben, daß seine Punkte Spuren zurücklegen, die alle 1. gerade, 2. gleich lang, 3. parallel sind. (Was „Ebene", was „parallel", was „gerade" bedeutet, ist zunächst kein Problem). Man kann dieses „Translations-Axiom" sofort für den Raum verallgemeinern: „Es ist immer möglich, einen Körper so zu bewegen, daß . . ."

Daß durch unseren Such-Prozeß etwas einsehbar wurde, was zuvor verschlossen erschien, durchschaubar was anfangs undurchsichtig war, ist ein intellektuelles Ereignis, das hier jedem zugänglich wird. „Es gehört zum Schönsten im Leben, Zusammenhänge klar zu überschauen", schrieb *Einstein* an *Born*[12].

Dieses Ereignis kann zunächst als lokal erscheinen, eine „Sechseck-Sache".

14. *Die Aufklärung des Thales-Phänomens*   O

Man kann aber auf den Gedanken kommen, sich zu fragen: Geht das, dieses „Beilegen" des Sonderbaren an das „Selbstverständliche", auch sonst, bei anderen geometrischen Merkwürdigkeiten, zum Beispiel bei dem schon genannten *Thales*-Phänomen? (Abschnitt 5).

Die Klärung kann versucht werden mit Hilfe der schon gesammelten „Regeln". Dabei sollten sie möglichst nicht vom Lehrer wieder aufgerufen werden, sie sollten auf der Tafel sichtbar zur Verfügung stehen. Dort können neue Regeln, die sich als erwünscht anbieten (hier V bis VII) angefügt werden. So entsteht unter der Hand eine wachsende Liste.

Der Verlauf der Suche wird hier nur kurz angegeben:

Formulierung der Frage (in strengerer Form als in Abschnitt 5): „Verbindet man einen beliebigen Punkt eines Halbkreises geradlinig mit dessen Endpunkten, so scheint zwischen den beiden Richtungen immer ein Winkel vom Viertel einer vollen Umdrehung zu entstehen." (Abbildung 8)

---

12 Albert Einstein an Max Born, Briefwechsel 1916—1955, Rowohlt Taschenbuch 1478, S. 25.

Regeln I und II:

Die beteiligten Radien werden in gleicher Farbe eingezeichnet (Abbildung 9). Der fragliche Winkel bekommt dabei zwei ungleiche Teile (α und β).

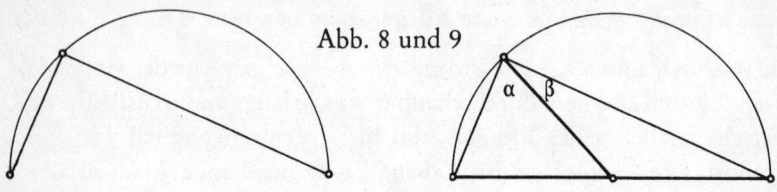

Abb. 8 und 9

Regel III: Vereinfachung?:

Der *Kreis* ist entbehrlich, denn (IIIa): Das Problem läßt sich unvermindert ohne ihn formulieren: „Zwei Punkte liegen fest. Ein dritter hält vom Mittelpunkt der durch diese beiden bestimmten Strecke denselben Abstand wie sie. Die Richtungen, die von ihm aus zu ihnen hinzielen, bilden, wie es scheint, miteinander einen Winkel von genau dem Viertel der vollen Umdrehung.

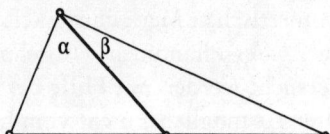

Abb. 10

Ist das richtig, verständlich?

Regel V: Haben wir ähnliches schon einmal gehabt?

Ja, aber mit dem Unterschied, daß die Dreiecke, die damals gleichseitig waren, jetzt nur gleichschenklig sind; also natürlich auch gleichwinklig an der „Basis".

Regel VI: Ist das selbstverständlich Scheinende wirklich selbstverständlich?

Ja, denn man kann „falten". — Lassen wir das gelten. Manche werden bemerken, daß man dabei in den Raum aussteigen muß.

Andere möchten vielleicht in der Faltung in Analogie zum „Translationsaxiom" ein (wie es scheint von ihm unabhängiges) „Rotations-Axiom" sehen. Ein jeder Körper kann um eine Drehachse, die durch

2 seiner Punkte bestimmt ist, rotieren, d. h. alle Punkte, außer denen der Drehachse, beschreiben Kreisbögen." — Nebenbei ergäbe sich noch die reinste (von Lichtstrahlen oder gespannten Fäden unabhängige) Definition der „Strecke": Die Menge aller Punkte eines beschränkt beweglichen Körpers, die unbewegt bleiben, wenn man 2 seiner Punkte festhält[13].

Regeln I und II:
Die Falt-Kniffe müssen eingezeichnet und die Gleichheit der entstandenen Winkel muß auch benutzt werden (Abbildung 11).

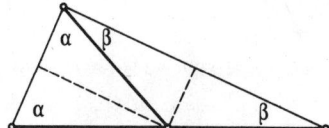

Abb. 11

Stockung wahrscheinlich; verschiedene Vorschläge. Deshalb zurück zu

Regel IV: Was einmal geholfen hat, kann auch in anderen Fällen helfen.

Also eine Parallelverschiebung?: Verschiebt man das ganze Dreieck (nebst Zubehör) geradlinig längs seiner größten Seite um die Länge dieser Seite, dann ist nach dem Translationsaxiom (wie im vorigen Beispiel) die Verbindungsstrecke der Spitzen gleich dieser größten Seite.

Das heißt: Zwischen den beiden Dreiecken „steckt" genau dasselbe Dreieck noch einmal, auf der Spitze stehend. (Gleiche Seiten. Nichts von „Kongruenzsätzen"). Das „Zubehör" wird auch dort eingezeichnet (Abbildung 12).

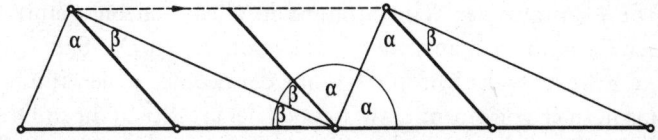

Abb. 12

Vermutlich wieder eine Stockung. Deshalb, wenn nötig,

---

13 Mündliche Mitteilung von Tania *Ehrenfest-Afanassjewa*.

Regel VIII: Was wollten wir eigentlich?

Der Winkel mit den Teilen α und β interessierte uns. Wenn die Verschiebung zu etwas gut sein soll, muß in seinem letzten Vorkommen (im kopfstehenden Dreieck) etwas zu erwarten sein. Langsam wahrscheinlich, und mühsam, formuliert man: Seine beiden Teile α und β liegen diesem Winkel hier auch von außen an und bilden mit ihm zusammen eine halbe Umdrehung. Der gesuchte Winkel kommt also in ihr zweimal vor, faßt deshalb für sich allein ein Viertel der vollen Umdrehung. Der Griff nach dem Automaten: „2 α + 2 β = 180°, also α + β = 90°" zeigt dessen Vorzug und Nachteil: er nimmt uns das Denken in Worten (ab).

15. Möglichkeit eines axiomatischen Aufbaus der Geometrie

Der Schüler hat ein Suchverfahren kennengelernt, das in zwei Fällen einen so rätselhaften wie zweifelhaften Fund vollkommen aufgeklärt und gesichert hat. Das Sonderbare wurde als „im Grunde" selbstverständlich durchschaut.

Die beiden „Sätze" selbst (über das Sechseck und den Halbkreis) sind dabei verhältnismäßig unwichtig. Man braucht sie nicht unbedingt zu wissen. Aber ein solches Durchschauen mit einem Mindestmaß an fremder Hilfe einmal, zweimal selber mitgemacht, „durchgemacht" zu haben, das muß man jedem wünschen. Mehr noch: die Vermutung aufkommen zu sehen, daß die letzten Selbstverständlichkeiten für alle geometrischen Probleme dieselben sein könnten, auch hier sollte er „dabeigewesen sein".

Diese Vermutung verstärkt sich, wenn er sie an noch ein paar anderen Fällen nachprüfen kann:

Die Konstanz der Winkelsumme in allen, beliebig geformten, Dreiecken, ergibt sich aus einer Translation sofort. Der Satz des *Pythagoras* gehört zwar nicht in die Reihe der geometrischen Initialprobleme, insofern er von einem Unwissenden dem rechtwinkligen Dreieck nicht angesehen werden kann. Er liegt nicht „parterre". (Während das Sechseck-Phänomen bei „Zirkelspielen" sich jedem aufdrängt.) Man muß auf diese Beziehung erst durch einen, der davon weiß, aufmerksam gemacht werden oder Erfahrungen hinter sich haben im Vergleichen von Flächen. Aber es ist bemerkenswert, wie schnell sich der Beweis aus zwei Translationen ergibt. Auf diesen Gedanken zu kommen, dauert eine Weile, vermutlich weil es einem unbewußt widerstrebt, die Figur zu durchkreuzen, als könne sie dabei Schaden nehmen (Abbildung 13).

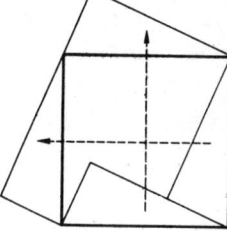

P

Abb. 13

Es ist nicht so wichtig, daß das Translations-Axiom sich mit Euklidischen Axiomen nicht ohne weiteres deckt. Aber der Schüler ist nun reif für die Mitteilung der griechischen Entdeckung, daß und wie Axiomatik in der Geometrie möglich ist. Das heißt: daß ihre Wahrheiten nicht vereinzelt dastehen, sondern alle aus denselben einfachsten Selbstverständlichkeiten ableitbar sind und damit vollständig durch- Q sichtig gemacht werden können.

Das (im Abschnitt 13, Mitte) erwähnte Gefühl der „Enttäuschung-durch-Aufklärung" geht jetzt unter in dem Erstaunen über die Existenz eines durchdringenden Ordnungsgefüges.

16. Weiterführendes

R

Am Ende werden Diskussionen möglich, in denen man unsicher wird und streitet über die Kriterien des „Selbstverständlichen". Man wird anspruchsvoller.

Dabei kann der Lehrer anregen, zu prüfen, ob man den Sechseck-Satz oder den Thales-Satz auf die Kugeloberfläche übernehmen kann. Denn das Verschieben von Figuren innerhalb dieser Fläche ist offenbar möglich.

Nach Experimenten auf einem schwarzen Globus erweist es sich als mühsam, reizvoll und also lohnend, das Ergebnis in Worte zu fassen.

Es entsteht schließlich so etwas: Das Translationsaxiom gilt auf der Kugeloberfläche nicht. An seine Stelle tritt die folgende Aussage: Auch auf der Kugeloberfläche ist es möglich, jede Figur in beliebiger Richtung „geradlinig" zu verschieben. Aber dann ist immer nur *eine* „Spur" „richtungstreu" (weder nach rechts noch nach links abweichend), während alle anderen zwar untereinander parallel aber nicht gleich lang und nicht „gerade" sind. Man sieht, wie es weitergehen könnte. —

17. Schlußbemerkung

Ich möchte hier schließen. Auch der Unterricht könnte es, soweit er *allen* Schülern gilt. Denn jeder hat ein Anrecht, erfahren zu haben, was hier sich auftut: ein Gebiet, auf dem es Gewißheit gibt, Genauigkeit und Verstehen, und zwar ein restloses: ein Durchschauen absonderlicher, zuerst unglaubhafter Beziehungen innerhalb einer Figur; durch einen Entdeckungsprozeß, der in diesem Seltsamen als „Grund" nichts als Selbstverständliches enthüllt. Und mehr als das: ein Gebiet, in dem es möglich ist, alle Merkwürdigkeiten auf wenige evidente Grundwahrheiten zurückzuführen.

Die so eröffnete Axiomatik legitimiert erst (für Schüler und Lehrer) das umgekehrte Verfahren, nun auch deduktiv von ihr Gebrauch zu machen.

Solche genetisch-sokratischen Entdeckungszüge sind nicht umsonst. Sie fordern Zeit. Doch sind sie nicht zeit-„raubend", sondern zeit-„lohnend".

Es versteht sich, daß das genetisch-sokratische Verfahren nicht den *ganzen* Unterricht beherrschen kann. (Es wird „exemplarisch" auftreten.) Ein Mißverständnis wäre es aber, solche Unterrichts-Epochen als Feierstunden-Unternehmen einzuschätzen. Sie *tragen* den ganzen Unterricht, so wie die Pfeiler die Brückenbögen möglich machen. Pfeiler sind nicht Ornamente. Sie rechtfertigen erst, zu anderer Zeit, da wo es notwendig ist, ein schnelles, dozierendes, demonstrierendes Vorgehen, (das diesen Bögen entspricht). Es wäre für große Schülergruppen (100 und mehr) möglich, vorausgesetzt daß sie zuvor in kleinen Untergruppen (20) das totale Selber-Verstehen als intellektuelles Ereignis erfahren hätten.

Gibt es dafür ein günstigeres, ein wirksameres Verfahren als das (hier angedeutete) sokratisch geführte, und allein sachlich motivierte Unterrichtsgespräch der kleinen Gruppe, in welcher jeder Teilnehmer verantwortlich wird für das Verständnis jedes anderen und das Einvernehmen aller?

Um eine solche Gruppe zu Wiederentdeckungen zu führen, muß der Lehrer versuchen, in den Stand der Naivität — der „zweiten" — zu gelangen. Und die „Regeln", die sich hier etwas aufdringlich abgesondert haben (um gröbere „Hilfen" zu verdrängen), sie sind zu demselben Ende da wie der Lehrer selber: sich überflüssig zu machen.

18. Anhang

Die im Abschnitt 12 erwähnten Vorschläge zweier Schüler einer schweizerischen Freien Schule (der „Ecole d'Humanité" in Goldern, Berner Oberland), die ich mit der freundlichen Erlaubnis ihres Lehrers Herrn Gerard Cool wiedergeben darf:

I. C. E. (15 Jahre alt)

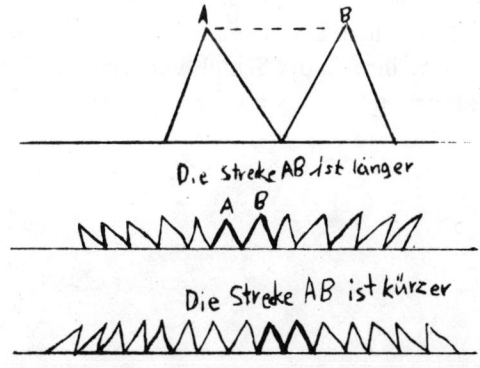

Abb. 14

Begleittext des Schülers:
„Ich überlegte mir Folgendes.
Wir dachten uns eine Gerade und setzten zwei Dreiecke drauf.
Wenn nun die Strecke $\overline{AB}$ gleichlang wäre wie eine Dreieckseite, hätte ein Dreieck drin Platz.
Beweis?
Wenn man nun auf die gedachte Gerade noch weitere gleichseitige Dreiecke setzen würde, müßten, wenn die Strecke $\overline{AB}$ länger wäre als eine Dreieckseite, die Spitzen der Dreiecke immer mehr nach außen zeigen. Wenn $\overline{AB}$ kürzer wäre, zeigten sie mehr nach innen. Es würden also stumpfwinklige Dreiecke. Das darf es aber nicht geben, weil wir gleichseitige Dreiecke angenommen haben."

II. G. T. (16 Jahre alt)

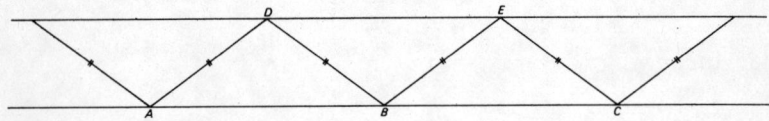

Abb. 15

Begründung des Schülers, formuliert vom Lehrer:
„1) Eine gebrochene Zickzacklinie gleicher Streckenlängen ist zwischen zwei Parallelen eingeklemmt.
  2) Die Abschnitte auf beiden Parallelen müssen dann alle gleich sein.
  3) Nimmt man nun den Parallelabstand so, daß z. B. $\overline{AB} = \overline{AD}$ wird, dann wird auch automatisch $\overline{DE} = \overline{AB} = \overline{BD}$ sein.
Unsicher machte es ihn, ob der Schluß von 1) auf 2) (intuitiv) selbstverständlich genug sei."

130

Zusätze für Nicht-Mathematiker

(Siehe auch Vorwort zur 5. Auflage)

Einleitung

Wer über Mathematik nicht recht unterrichtet ist, kann meinen, „Geometrie", „Kreis", „Gerade" seien Ausgeburten der Schulbücher.
Nein: Die Natur ist erfüllt von Mathematik.

„Kreise" zum Beispiel: Jeder bringt in seinen Augen schon vier von ihnen mit auf die Welt. Dort finden diese Augen bald noch zwei vollkommen *erscheinende* Kreise: Mond und Sonne; dazu Fragmente von Kreisen: als Regenbogen, als Meereshorizont.

Will man nun aber *sagen*, was ein Kreis *ist*, so muß man zusehen, wie man einen *machen* kann.

Ein Kind auf freiem Feld, das einen Kreis zu laufen nicht müde wird, spürt, (ohne es sagen zu können, worauf es dabei ankommt): die *Krümmung* der Laufbahn muß immer dieselbe bleiben.
Es bemerkt auch, wie man gar mit geschlossenen Augen dasselbe fertig bringen kann, und auch genauer: man läuft an gespannter langer Leine, deren anderes Ende an einem Pfahl befestigt ist, „einfach drauf los".
Das Gleichbleiben der Krümmung ist dann „automatisch" gesichert durch das Gleichbleiben des Abstandes, um den der Laufende von seinem Pfahl entfernt bleibt, dem „Mittelpunkt". Den hat der Kreis nun neu dazubekommen. (Was man mit „Abstand" meint, ist leichter zu erklären als das was „Krümmung" bedeuten soll. Deshalb definieren die Mathematiker den Kreis als „die Linie, die ein bewegter Punkt erzeugt, der von einem festen Punkt immer denselben Abstand hält.")

Es gibt noch eine ganz andere Art, einen Kreis herzustellen. Dazu gehören mehrere, viele, Kinder. Was tun sie, wenn sie „einen Kreis bilden" wollen? Sie fassen einander an den Händen und schließen sich zu einer geschlossenen Kette zusammen; dann dehnen sie diesen Ring, nach außen drängend, so weit wie möglich.

(Mathematisch: „Die Kreislinie umfaßt eine größere Fläche als jede andere geschlossene Figur von gleichem Umfang.")

Das ist eine ganz andere Definition als die vorige, denn von „Mittelpunkt" ist hier keine Rede. Aber es ist nicht zu zweifeln, daß die Ringe, die so entstehen, ebenfalls richtige Kreise sind. (Kein Zweifel jedenfalls für den Laien. — Für den fortgeschrittenen Mathematiker schon. Er „beweist" es.)

Die Frage, die sich in der folgenden Betrachtung erhebt, *die* freilich stellt uns ein *Problem,* das heißt eine verwunderliche und zweifelhafte Merkwürdigkeit, die aufzuklären es Jeden verlangt, und gerade dann, wenn er noch frei ist von mathematischen Kenntnissen (oder sich wieder frei gemacht hat von ihnen). (Diese Kunst, sich frei zu machen von dem was man doch weiß, ist übrigens die Kunst des Lehrers.)

Abschnitt 1

A *Ufer*

Was „Ufer-Hilfe" bedeuten soll, kann ganz erst in den Abschnitten 8 und 11 klar werden. Vorläufig soviel: es meint jedenfalls *nicht,* daß der Lehrer ausgesprochen („expressis verbis") die *Richtung* des Verstehens-Flusses lenkt. (Also nicht das, was manchmal „Weichen stellen" genannt wird: als solle der Schüler unmerklich auf das richtige Geleis laufen.) Man stelle sich deshalb den „Fluß" ganz geradlinig vor. Das Wort „Ufer-Hilfe" will sagen, daß der Lehrer nur „dabei" steht und doch hilft. Er gibt „Beistand". Wie kann aber einer helfen, ohne sich in die Sache, den konkreten Gegenstand des Gesprächs einzumischen?: „Hilf mir", läßt *Maria Montessori* das Kind zum Lehrer sagen, „es von mir aus zu tun!"

Dazu wieder möchten die „Regeln" (des Abschnitts 11) verhelfen. Diese Regeln haben mit der *Besonderheit* des Problems (hier der Sechseck-Frage) nur insofern zu tun, als sie bei ihm gewonnen werden. Sie erweisen sich aber als brauchbar für die Lösung geometrischer (zum Teil auch anderer) Probleme *überhaupt,* sie sind übertragbar. — Das Gegenteil einer „Ufer-Hilfe" wäre es, wenn der Lehrer *solche* Winke gäbe: „Verbinde den Punkt E mit dem Punkt F. Dann siehst du etwas!" Oder: „Vergleiche die beiden Dreiecke, die ich jetzt mit I und II bezeichne". Der Schüler fragt sich dann vergebens: „Warum soll man gerade *das* tun? Und woher weiß es der *Lehrer?*" Solche Gängelungen bringen nur bei, welchen einzelnen Ablauf man nachmachen muß, ohne ihn ganz zu verstehen. Sie lehren nicht das Suchen und Finden auch bei anderen Problemen.

„Axiom"   **B**

Dieses Wort bedeutet vorläufig: eine „für Jeden selbstverständliche Aussage". Näheres folgt in den Abschnitten 11 und 13.

Abschnitt 5

„Die Sache mit der Quadratwurzel aus 2"   **C**

Wer sich ein Quadrat hinzeichnet, und auf seiner Diagonale ein zweites Quadrat, erkennt nach einer Weile, daß das größere genau doppelt soviel Fläche haben *muß* wie das kleine. — Die beiden Flächen verhalten sich also wie 2 zu 1. — Und die Seiten? Wie 1,5 zu 1, etwa? Wenn man es zeichnet sieht man: nicht genau. Man probiert weiter. Da die Diagonale eine bestimmte Länge „hat" (man sieht sie ja), wird kein Unbefangener bezweifeln, daß man das richtige, das genaue, Verhältnis durch geduldiges Probieren schließlich einmal, vielleicht nach langer Zeit, muß finden können. Nur wer diese Hoffnung als „selbstverständlich" berechtigt anerkennt (und das ist erst einmal jeder), „versteht" tief verwundert („kognitiv" und „affektiv"), daß wir hier unser naives Denken ändern müssen.

Das wird bei *Euklid* in ein paar Sätzen bewiesen: Alles Suchen ist zwecklos: „Es gibt" keine Zahl (ganze Zahl oder Bruchzahl), die genau sagt, wievielmal die Diagonale länger ist als die Seite. (Näheres in meinem Buch „Ursprüngliches Verstehen und exaktes Denken", Bd. I, 2. Aufl., 1970, S. 138, Klett, Stuttgart).

D Mancher Schüler denkt wohl gar: steckt da nicht ein Trick dahinter?

E Es könnte ja auch sein, — ja das wäre das zu Erwartende! — daß sie sich in *verschiedenen* Punkten träfen, also ein kleines *Dreieck* abgrenzten! Sehr klein vielleicht.

F Denn sie geben ja bekanntlich (oder angeblich?) zusammen immer 180°, wie auch das Dreieck geformt sein mag. Wenn also zwei von den Winkeln bekannt sind, dann hat der dritte schon keine Wahl mehr. Er „weiß" schon wieviel ihm noch zusteht.

G Diese Entdeckung machte der Grieche *Thales*, um 600 v. Chr. — Siehe weiter: Abschnitt 14 und Abb. 8.

H (Zu: „wer hier sagt: mir reichts.") Ein solcher Praktiker („Was die Mathematiker für Sorgen haben!") kann vielleicht gewonnen werden, wenn man ihn darauf aufmerksam macht, daß diese Frage für alle Kreise der Welt gilt, kleine wie große. Und daß wir ja mit sehr großen zu tun haben: riesige Räder an Maschinen, und gewaltige Kreisbahnen im Himmelsraum. Sagt man nicht, daß die Erdkugel einen Kreis von 300 Millionen Kilometer Durchmesser um die Sonne durchläuft? Ein Promille könnte schon Folgen haben, etwa für die Rechnungen der Astronauten. —
Eine derartige Abwehr von Schüler-Gleichgültigkeit wäre aber gar nicht mehr nötig, wenn wir das aufdringliche Übermaß an sogenanntem „Stoff" abbauten, der „durchgenommen" werden soll.

Abschnitt 10

I Die kleinen wimpernförmigen Bögen in der Abb. 1 entstehen, wenn man den Radius als Seilstück oder als den Abstand zwischen den Zirkelspitzen abträgt. (Die eine Zirkelspitze sitzt schon auf dem Umfang fest, die andere tastet sich bis zum nächsten Kreis-Punkt hin).

Abschnitt 11

K Es wird gut sein, die Absätze 6 und 7 noch einmal zu lesen. —

Zu Regel I und II: **L**
Gemeint ist: Benutze keine erinnerten Lehrsätze oder gelernte Begriffe
(wie „Winkel" und „Grad"). Vergiß sie (vorübergehend). Zur Lösung
des hier vorliegenden einfachen Problems ist *nichts* nötig als: daß wir
uns bewußt machen, was wir getan haben, und wie die Figur daraus
entstanden ist. Ein Kreis wurde gezeichnet (und wir wissen ja, was
ein Kreis ist). Ferner wurde der „Radius" (auch was dieses Wort bedeutet, wissen wir) rundum abgetragen. Das ist alles, und — so
wird sich zeigen — mehr ist nicht nötig, um zu entscheiden, ob „es
wirklich genau 6mal geht" oder nicht. — Natürlich darf man sonst
noch benutzen, was jedem Kind selbstverständlich wird (und ihm
später als Erwachsenen selbstverständlich bleibt), wenn es mit Klötzen
auf dem Fußboden oder im Sand lang genug gespielt hat.
Zu Regel II: Alles, was wir *nach*einander getan haben, soll am Ende
in der Figur *zugleich* sichtbar sein. *Alles* Getane soll *eingezeichnet sein.*

Nach den Figuren 3 und 4: („. . . also zu beweisen"). **M**
Dabei darf man nun nicht vergessen haben, was vorher, im Abschnitt
9 über „ideale Figuren" gesagt wurde: Nur für ideale Figuren hat die
Frage „genau 6mal?" einen Sinn. Aus Papier ausgeschnittene, oder
aus Holz ausgesägte gleichseitige Dreiecke sind nicht mehr als anschauliche und faßbare, immer ungenaue *Vertreter* derjenigen nicht
materiellen, genauen Dreiecke, die wir *meinen.* Solche materiellen
Vertreter können nur zeigen, ob es „so aussieht", als paßte das Dreieck Nr. 6 in die Lücke. Wir hantieren mit ihnen, aber wir meinen sie
nicht eigentlich.

Vor Abb. 5; „. . . mit einer Geraden abschließen". **N**
Gemeint ist: Wenn man 3 gleichseitige Dreiecke (vertreten durch
solche aus Papier oder Holz) Seite an Seite lückenlos aneinander
packt, so entsteht eine Figur (ein „Trapez"). Ihre längste Seite (zu-
sammengereiht aus 2 Dreiecksseiten) *sieht aus,* als sei sie *gerade* (d. h.
sie sieht so aus als setzte die eine Dreieckseite die Richtung der anderen genau fort). Es könnte aber auch sein, sie bildeten einen winzigen
Knick.

Abschnitt 14

O Dieser Abschnitt ist wegen seiner knapperen Fassung für den Laien vielleicht etwas mühsam. Es genügt zur Not, zur Kenntnis zu nehmen, was hier geschieht:

Auch das *Thales*-Phänomen erweist sich nach einigen Schritten als selbstverständlich. Auch hier „ist nichts weiter dabei", als daß man eine Figur auf der Tischplatte herumschieben kann, ohne daß ihr dabei sonst etwas geschieht. Im besonderen wird auch hier wieder nur die geradlinige Verschiebung (die Translation) vorausgesetzt; ebenso war es beim Sechseck.

Abschnitt 15

P *Figur 13* gibt ein weiteres Beispiel, wie man durch nichts als zwei Translationen sogar den „Satz des Pythagoras" selbstverständlich machen kann, sozusagen durchsichtig bis auf den Grund.

Der Satz sagt (wie fast jeder noch weiß): Wenn man irgendein rechtwinkliges Dreieck hinzeichnet und dann auf jeder seiner 3 Seiten ein Quadrat aufbaut, dann enthält immer das größte dieser Quadrate ebensoviel an Fläche wie die beiden kleineren Quadrate zusammen. (Man kann diese Behauptung sowohl auf Millimeter-Papier auszählen, als auch mit ausgeschnittenen Papp- oder Holzscheiben auswägen, freilich *nie* genau). In der Abbildung 13 liegt, anders als gewohnt, das rechtwinklige Dreieck *innerhalb* des (stark gezeichneten) Quadrats, das auf der größten Seite steht. Dasselbe rechtwinklige Dreieck ist dann *noch* einmal zu sehen: rechts an die Innenwand desselben Quadrats gelehnt, und an das erste Dreieck *anschließend*. Am besten schneidet man ein großes Quadrat aus Papier aus, zeichnet die beiden rechtwinkligen Dreiecke hinein, schneidet sie aus und legt sie wieder auf ihre Plätze. Dann verschiebe man jedes der zwei Dreiecke so, wie es die Pfeile anzeigen. Man hat dann eine Figur vor sich, die bald zu erkennen gibt, daß sie aus zwei kleineren Quadraten besteht, und daß dies die Quadrate sind, die auf die beiden kleineren Dreieckseiten passen.

(Der früher übliche, systematische und Stoff-häufende Geometrieunterricht verführte den Lernenden leicht zu dem Glauben, „der Pythagoras" könne erst als Gipfel eines Gebirges von vielen anderen (inzwischen meist vergessenen) Lehrsätzen und Beweisen erklommen werden).

Abschnitt 15, als ganzer, kann ersetzt werden durch folgende Kurz- Q fassung: Drei geometrische Merkwürdigkeiten: die Sechseckfrage, das *Thales*-Phänomen und der Satz des *Pythagoras* ließen sich alle als im Grunde Selbstverständlichkeiten enthüllen: durch bloße geradlinige Verschiebungen einiger Teilfiguren wurden sie „evident", d. h. durchsichtig bis auf den Grund. Sie waren dann nicht mehr verwunderlich. Dabei tritt nun allerdings eine andere, größere Verwunderlichkeit hervor: daß es einen für alle drei Merkwürdigkeiten *gemeinsamen* Grund „gibt": Das Translations-Axiom" von Abschnitt 13, und daß wir ihn finden können.

Diese Entdeckung steht, wie man sieht, Jedem offen, und, so meine ich, sie steht auch Jedem zu. Er *„versteht"* dann schon etwas von Mathematik (wenn es auch nur *etwas* ist).

Er versteht es um so überzeugter, je mehr er selbst dabei der Entdeckende ist. Deshalb sollte der Lehrende lernen, nur durch einen „Bei-stand" zu helfen (in dem Sinne etwa, wie es die „Regeln" zu verdeutlichen suchen).

Die hier dargestellte Entdeckung ist ein verkleinertes Abbild dessen, was *Euklid* geleistet hat: Er hat vorgeführt, daß *alle* geometrischen Merkwürdigkeiten (nicht gerade und ausschließlich auf nur das Translations-Axiom, aber doch) auf immer dieselbe kleine Gruppe von „Grundsätzen" („Axiome") „zurückgeführt" werden können, auf ihnen „ruhen".

Will man Geometrie *lehren,* so kann man entweder mit den Axiomen beginnen und aus ihnen (als wäre es selbstverständlich, daß man das kann) das ganze System ableiten („deduzieren"). Der Lernende hat dann nichts zu tun, als — wenn auch kritisch — in kleinen Schritten zu „folgen". („Kommen Sie mit?")

Oder man kann *„genetisch"* vorgehen, das heißt den Anfänger (der noch „frei" ist von mathematischen Kenntnissen) mit hinreichend einfachen Problemen bekannt machen, über die doch — trotz ihrer Einfachheit — jeder sich verwundert. Man kann dann an seine ursprüngliche Erfindungskraft appellieren und ihn, soweit wie möglich, *selbst* entdecken lassen, wie diese Probleme sich alle aus *denselben* Grundsätzen auflösen lassen; daß es also eine „Axiomatik" „*gibt*". Und daß deren Existenz *nicht* selbstverständlich ist.

Dabei lernt er dann noch *mehr* und noch wichtigeres: nämlich Suchen und Finden. Das macht ihn klüger als Nachvollziehen.

Abschnitt 16
R Kann vom Laien überschlagen werden.

Nachträge 1969:

Zu S. 62. Das Thema „genau 2" behandelt Beitrag 22 meines Buches „Ursprüngliches Verstehen und exaktes Denken", Klett, Stuttgart, 1965, S. 138—151.

Zu S. 86, Abs. 3:

E. Wittmann: Die Bedeutung der Piagetschen „abstraction réfléchissante" für die Entwicklung der mathematischen Formen, in: Die Deutsche Schule, 9/1969, S. 537.

Zu S. 87, Abs. 2:

G. Polya: in: L'Enseignement par les problèmes, (in: L'Enseignement Mathématique T. XIII, fasc. 3, 1967): „Quant aux manuels ‚modernes', ils ont souvent des chapitres entiers pleins de termes et symboles nouveaux qui restent sans relation avec l'expérience et l'arrière — fond mathématique de l'eléve, et donc, par conséquent, l'elève ne peut faire un usage sérieux."

Nachträge 1973:

H. *Lenné:* Analyse der Mathematikdidaktik in Deutschland, Klett, Stuttgart, 1969.

E. *Wittmann:* Eindrücke vom 1. Internationalen Kongreß über den Mathematikunterricht 1969 in Lyon, in: Neue Sammlung 1/1970, S. 83—88.

H. *Rollnik,* H. v. *Hentig,* M. *Wagenschein:* Physik und Didaktik — Der Versuch eines Gespräches, Neue Sammlung 2/1970, S. 128—152.

S. *Merten:* Konrads Weg zu den Zahlen, Neue Sammlung, 3/1970, S. 307 bis 315.

S. *Merten:* Das Forschen eines Kindes, Neue Sammlung, 4/1970, S. 427 bis 436.

R. *Kluge:* Erkenntniswege im Physikunterricht, Klett, Stuttgart, 1970.

S. *Thiel:* Kinder sprechen über Naturphänomene, Die Grundschule, 3/1970, S. 3—11.

H. *Freudenthal:* Die neuen Tendenzen im Mathematikunterricht, Neue Sammlung, 2/1971, S. 146—153.

E. *Schuberth:* Die Modernisierung des mathematischen Unterrichts, Verlag Freies Geistesleben, Stuttgart, 1971.

C. *Schietzel,* M. *Wagenschein:* Ein Briefwechsel, in: Wagenschein, Die pädagogische Dimension der Physik, 3. Aufl. Braunschweig 1971, S. 307—320.

M. *Wagenschein:* Was bleibt? (Verfolgt am Beispiel der Physik) in: J. Flügge (Hrsg.): Zur Pathologie des Unterrichts, S. 74—91. Verlag Klinkhardt, Bad Heilbrunn, 1971.

W. *Münzinger:* Moderne Mathematik, Gesellschaft und Unterricht, Beltz, Weinheim, 1971.

M. *Wagenschein:* Naturwissenschaftliche Bildung und Sprachverlust, in: Neue Sammlung, 6/71, S. 497—507 und in: Sprache, Brücke und Hindernis, Piper, München, 1972 S. 75—86.

S. *Thiel:* Modellvorstellung und Wirklichkeit — Kinder sprechen über Schallphänomene, Neue Sammlung, 6/1971, S. 508—517.

H. *Rumpf:* Scheinklarheiten, Westermann, Braunschweig, 1971.

M. *Wagenschein:* Das Genetische Prinzip als ein Weg zur Intensivierung des Unterrichts, dargestellt am Beispiel der Naturwissenschaften, in: Die menschlichen Beziehungen in der Schule, Tagungsbericht der Studienwoche 1971 des Vereins Schweizerischer Gymnasiallehrer in Interlaken, Verlag Sauerländer Aarau, 1972, S. 330—344.

M. *Wagenschein*, A. *Banholzer*, S. *Thiel:* Kinder auf dem Wege zur Physik, 1973 Klett, Stuttgart.

Nachträge 1975

L. *Nelson:* Die sokratische Methode.

Dieser Vortrag von 1922, (3. Auflage Göttingen 1931), ist jetzt wieder greifbar in dem Band Leonard *Nelson:* Vom Selbstvertrauen der Vernunft, Verlag Felix Meiner Hamburg 1975, S. 191—238).

Die im vorliegenden Buch zitierten Seitenzahlen beziehen sich auf diese Ausgabe.

M. *Wagenschein:* Der Vorrang des Verstehens — Pädagogische Anmerkungen zum mathematisierenden Unterricht, in: Der math. u. naturwiss. Unt. (MNU) XXVI, Heft 7 v. 15. 10. 1973 — Für Laien erweiterte Fassung in: Neue Sammlung, 1974/2, S. 144.

M. *Wagenschein:* Curricula in Dosen (Gespräch), in: Gesamtschule, Märzheft 1974, S. 27.

(Die beiden zuletzt genannten Vorträge sind jetzt aufgenommen in die 5. Auflage von „Natur physikalisch gesehen". Siehe die Liste meiner Veröffentlichungen am Anfang des vorliegenden Buches.)

W. *Köhnlein:* Die Pädagogik Martin Wagenscheins; Inaugural-Dissertation der Universität Erlangen-Nürnberg 1973.